掌尚文化

SALUTE & DISCOVERY

致敬与发现

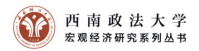

西 南 政 法 大 学
宏观经济研究系列丛书

我国资本市场
发展与监管制度变迁研究

Research on the Development of
China's Capital Market and the Change of
Supervision System

王

涛
等
著

经济管理出版社
ECONOMY & MANAGEMENT PUBLISHING HOUSE

图书在版编目（CIP）数据

我国资本市场发展与监管制度变迁研究 / 王涛等著 . —北京：经济管理出版社，2020. 8
ISBN 978-7-5096-7412-3

Ⅰ . ①我… Ⅱ . ①王… Ⅲ . ①资本市场—研究—中国 Ⅳ . ① F832.5

中国版本图书馆 CIP 数据核字（2020）第 153581 号

组稿编辑：宋　娜
责任编辑：宋　娜　张鹤溶
责任印制：黄章平
责任校对：陈晓霞

出版发行：经济管理出版社
　　　　　（北京市海淀区北蜂窝 8 号中雅大厦 A 座 11 层　100038）
网　　　址：www.E-mp.com.cn
电　　　话：（010）51915602
印　　　刷：唐山昊达印刷有限公司
经　　　销：新华书店
开　　　本：710mm×1000mm / 16
印　　　张：11.75
字　　　数：218 千字
版　　　次：2020 年 9 月第 1 版　2020 年 9 月第 1 次印刷
书　　　号：ISBN 978-7-5096-7412-3
定　　　价：98.00 元

创作团队

王涛（1976-），女，汉族，四川大竹人，副教授、硕士生导师。2012 年 6 月毕业于重庆大学经济与工商管理学院，获管理学博士学位。主要研究方向为资本市场、商业银行经营管理。曾供职于中国工商银行，现为西南政法大学经济学院金融学专业教师。开设的课程有商业银行业务管理、国际金融、国际结算、项目投资与评估等。近年来，在《财经科学》《财经理论与实践》《经济体制改革》《经济问题探索》等 CSSCI 来源期刊发表学术论文多篇，参加省部级科研项目多项。

张小波（1980-）男，汉，四川宜宾人，管理学博士、法学博士后（在站），西南政法大学经济学院副教授、硕士生导师。主要研究方向为金融市场监管、国际金融、金融经济学。开设的本科课程有商业银行业务管理、商业银行业务实验、中央银行学、国际结算，开设的研究生课程有商业银行经营管理案例、金融监管与创新。先后在《经济科学》《国际金融研究》《南开经济研究》《管理评论》《国际经济探索》等 CSSCI 来源期刊发表论文 10 余篇，出版个人学术专著 3 本，先后主持国家级、省部级及校级课题近 10 项。

吕晖蓉（1974-），汉族，甘肃敦煌人，经济学博士，西南政法大学经济学院副教授、硕士生导师。主要研究方向为房地产金融。开设的本科课程有中央银行学、投资银行理论与实务、金融风险管理，开设的研究生课程有金融理论与政策等。在《财经科学》《云南财大学报》《浙江金融》《西南大学学报》等杂志发表学术论文 10 余篇，其中 CSSCI 来源期刊收录 2 篇。在《人民日报（理论版）》发表文章 2 篇主持省部级及校级课题 2 项。

陈志英（1983-），女，汉族，福建莆田人，博士毕业于厦门大学金融工程专业，获经济学博士学位、法学博士后（在站），西南政法大学经济学院副教授、硕士生导师，现任金融系金融工程专业负责人。主要研究方向为金融衍生品定价与风险管理、投资者交易行为与市场微观结构。开设的本科课程有金融工程学、投资银行理论与实务、证券投资学、线性代数等，研究生课程有金融衍生工具。先后在《控制与决策》《管理科学》《厦门大学学报（哲社版）》《当代财经》等 CSSCI 和 EI 来源期刊发表论文多篇，主持和参与国家级、省级部及校级课题近 10 项。

邱新国（1980-），男，汉族，浙江安吉人，重庆大学博士研究生，西南政法大学金融系副教授、硕士生导师。主要研究方向为金融监管、家庭金融及民间金融。主讲课程包括金融学、商业银行业务与经营和金融经济学。先后在《当代财经》《预测》等 CSSCI 来源期刊发表论文多篇，主持国家社会科学基金项目、教育部人文社科基金项目等国家级、省部级课题 10 余项。

邓睿（1991-），男，汉族，河南固始县人，经济学博士，西南政法大学经济学院讲师、硕士研究生导师。主要研究方向为农村经济、农村金融以及制度经济。目前已在《CUSTOS E AGRONEGOCIO ON LINE》《中国农村经济》《经济社会体制比较》《农业经济问题》《公共管理学报》《农业技术经济》等 SSCI、CSSCI 来源期刊发表学术论文 13 篇，主持和主研国家级、省部级等各级各类课题 10 余项。

CONTENTS

1
我国资本市场发展历程

中华人民共和国诞生于 1949 年的 10 月 1 日。新中国的成立标志着我国终于结束了自 1840 年第一次鸦片战争以来屈辱的帝国主义侵略史和民族掠夺史，彻底推翻了长久以来压迫在人民头上的三座大山，废除了各种丧权辱国的不平等条约，摆脱了殖民主义束缚，真正成为了一个独立自主的民主国家。这不但是中国历史上震天动地的大事件，也是世界发展过程中的一大盛事。新中国成立后，经过一系列的探索和不懈的努力，我们一步步实现了经济、文化、教育、科技等各方面的飞跃式发展，中国不但成为了世界经济增长的先锋开拓者，还是维护世界和平的支柱力量。在 1949 年新中国刚成立时，我国的国民生产总值还不到 125 亿美元，人口约 5.4 亿；而历经 70 年的发展变化，截至 2019 年上半年，国民生产总值已高达 450933 亿元，稳居世界前列，人口更是即将突破 14 亿的关卡。20 世纪 70 年代的改革开放浪潮敞开了我国的大门，解开了人们思想上的枷锁，推动着社会经济不断向前发展，我国的国际影响力也在不断增强。中国的资本市场就是随着改革开放的进程不断加快而逐步成长建立起来的，经历了从无到有，从小到大，由点及面，再到如今我国的资本市场已经取得了较为充分的发展，逐步健全了满足各级各类经营主体服务需求的多层次资本市场体系，完善了资本市场相关规则，规范了资本市场秩序，甚至已经超越了部分发达资本主义国家的发展进程。

1.1 改革开放前中国资本市场发展历程

1.1.1 改革开放前我国银行业的发展

在第一届中国人民政治协商会议上，通过了"没收官资、收归国有"的决议，由此开启了政府对官僚资本和金融机构的全面接管和改组工作。其中，官僚资本具体指的是国民党时期的"四行两局一库"，包括了中央银行、中国银行、交通银行、中国农民银行、中央信托局、邮政储金汇业局和中央合作金库。针对原有的官僚资本工作人员，需要全部重新进行登记评估，尽量在遵循"量才录用、原职原薪"的原则下，不去改变原有机构的秩序，对原工作人员采取整体接管。一方面，政府对于金融机构要求除中国银行和交通银行之外的其他各行均进行停业整顿。另一方面，政府也从未松懈对外资银行的监管，新中国成立后就首先废除了之前外资银行在我国境内的一切特权，并指定声誉良好、知名度高的外商银行在中国证监会的监督和指引之下专门从事外汇买卖以及国外汇兑业务。

此外，在国家对城市金融机构进行如火如荼接管改组的同时，农村的金融改制工作也在悄然展开。1951 年，我国第一届全国农村金融大会决议通过建立人民银行的区级机关或者农村信用合作组织，利用农村信用合作社等机构来扭转农民的资金借款难局面，改善农村地区的金融基础设施落后状况，提升农村金融服务的整体质量水平，增强农民生产、生活的幸福指数。在 1951 年 8 月，中国农业合作银行成立了。一年以后，为了响应国家精简机构的号召，我国的农业合作银行又被取消。1949~1952 年我国银行体系如图 1-1 所示。

以上是从总体角度考察 1949~1952 年我国银行业的发展历程。随着 1956 年社会主义制度在我国的建立，银行业在发展上也出现了一些波动。例如上文提到的中国农业合作银行，该行是新中国成立后的首家国有商业银行，是国家关于农村金融体系改革的一次伟大尝试。1955 年，该行正式更名为中国农业银行，两年后农行被调拨到中国人民银行名下。直到 1963 年，国家才重新恢复了中国农村银行，并且将其直接划归国务院管辖，以进一步增强对农业发展的资金援助。1965 年 11 月，中国农村银行再一次与中国人民银行进行合并。之后好长一段时间，中国农业银行都没有再单独出现过，直到 1979 年才被再次恢复营业，且规定农行属国务院管辖，同时受中国人民银行的监督。再看中国银行，它在新中国成立后就直接被政府接手管理，为方便进行统一的监管，总管理处一并迁往了北京。在 1953 年出台的《中国银行条例》中，授权了中国银行为政府政务院特许的外汇专业银行。1978 年，中国银行顺应改革开放发展的时代潮流，审时度势，开创了信用卡业务。1979 年，国务院同意了中国银行的改制申请，在赋予它更多自主权的同时，决定把它分立出来，不再从属于中国人民银行，同时还设立了国家外汇管理局专门负责管理国家的各项外汇业务。

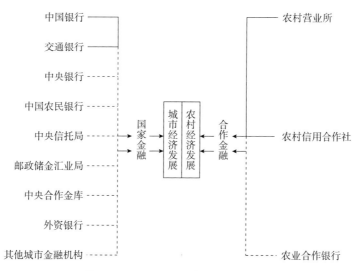

图 1-1　1949~1952 年我国银行体系

注：实线表示存在，虚线表示不存在。

1.1.2　改革开放前我国证券交易的发展

1869 年，英国商人组织筹建了外商掮客公会，1891 年该公会发展成为了"上海众业公所"，这也是中国最早出现的证券交易所，交易的品种主要包括国外的股票、在华经营的外资企业的股票以及公司债券、政府公债等。之后随着中国资本主义发展的不断深入推进，我国的证券交易也逐渐步入了正轨。其实中国的股票买卖行业起步较早，公开上市时间也并不晚，上市股数也非常丰富，早在抗日战争前上市的股票数量就已经有几百种。可遗憾的是，直到 1949 年以前，我国仍然没有建立起成熟的长期资金市场，与此相反，股市和证券交易所更是成为了追求金融暴利和投机活动的聚居地。1948 年国民党推行币制改革，以此来解决法币破产所引起的国内经济动荡，这样一来天津和上海的交易所也不得已停业，由此公开的股票买卖市场便不复存在了。

1949 年初，国民党执政时期一直施行的恶性通货膨胀政策和解放战争的冲击，人民币币值并不稳定，工商业发展颓靡，再加之市场上投机活动猖狂，造成了天津市场的游资大量充斥于各个领域，严重扰乱了正常的社会生产和生活秩序，打压了老百姓们从事投资活动的热情。天津市军事管制委员会（以下简称天津市军委会）为了整治市场中的乱象，积极采取了相应的措施。一方面严厉打击惩治黑市中存在的金银外币买卖活动；另一方面明确禁止了证券的交易活动。这样一来，受到有关部门高压制裁的社会闲散游资便转向了商品市场，无形之中就给商品市场带来了不小的压力，既抬高了物价总水平，又加大了游资疏导的难度。另外，无论多大力度的惩处措施都不能够将黑市的股票交易完全扼杀。针对这样的情况，天津市军管会金融处认为证券市场的开放利大于弊，公开的股票市场不但有助于稳定公众的投资情绪，调动他们的投资积极性，还能在政府的调控与监督之下，吸收社会的闲散资金，缓解其给商品市场带来的冲击。这样的想法得到了多方的赞许，通过开展细致的准备工作，1949年6月初天津证券交易所（以下简称天津证交所）正式成立。

在交易所才开业的时候，场内有将近40家经纪人，资本总额累计达到8452万元。另外，每个经纪人还需要按照规定向交易所上缴一定比例的保证金来保证交易活动的进行，同时减少证券交易所的经营风险。在职位构成上，天津证交所设置总经理和副总经理主理日常事务，其下还设立了业务科、财务科和秘书科三科，后来追加了人事保卫科，在业务管理上逐渐变得规范起来。1950年5月，为了明确各科的业务范畴，强化银行内部的业务处理和协调能力，央行专门在交易所内部设置了工作办事处负责一些零碎的事务。天津证交所在成立之初就积极响应国家关于整顿金融市场的政策号召，在严格取缔场外交易的同时，用宽松的政策促进场内交易的蓬勃发展。天津交易所规定了当日的成交价格涨跌幅度不得超过前一日收盘行市的20%，若是高于这个比例，交易所有权停止交易并自行协商价格，以此来防止股市出现较大的震荡，稳定市场行情。此外，交易所严禁经纪人在交易中通过对买卖牌价的报价来赚取价差，以此获得非法利润；同时，严厉打击垫付证券的行为，只允许经纪人在特定的条件下代理客户垫付钱款。同年8月，天津交易所将原来收取买卖双方成交金额的手续费由万分之六上调至万分之八。另外，为了调剂资金余缺，更好地实现资本的有效利用，准许私营钱庄进行证券买卖，天津交易所也批准经纪人把上市的证券投放到私营行庄去抵押贷款。1949年9月，经纪人接受客户的存款总额有3亿元，垫付金额达4亿元。与私营行庄相比，存款金额才占到2%，贷款金额也只占到3%。到10月中旬，经纪人接受的贷款金额就迅速增长到了10亿元，垫付款项为9亿元，两项都占到了同期私营行庄贷款金额的5%以上。

1949年12月，证券交易所为了与全国范围内的物价稳定政策相呼应，增强了对经纪人的管控，规定交易所享有权力对经纪人的账目随时进行突击检查，同时，既要求经纪人追加保证金，又限制其未到决算期不得参与分红。自天津市证交所开业以来，市场一直都处于比较活跃的状态，证券市场价格基本围绕物价上下波动。股价的动荡刺激着市场交易活动变得越加活跃，特别是

1949 年 6 月 20 日申汇开放后，地区间的物价变动更容易相互影响，从而造成了整个股市价格的震荡。在这个阶段，股价的涨落规律基本与 1949 年前无异，简单概括起来就是股票价格的波动呈现与物价相同的变化趋势，但同时又滞后于物价的变动情况。

股市的价格波动还有一个特点，就是落后于同期的存款利息。正是股票价格涨落的两个规律，以及中华人民共和国成立后社会闲散游资的大量减少并呈现出由集中往分散方向发展的态势，造成了实际上的股票日成交数量并不算多，哪怕是刚开业时成交量也只占到 1949 年之前的 50%。实际上，在中国的资本市场上，真正想利用股票进行长期投资的股民并不多，大多数的投资者都是想利用买空卖空的交易来谋取短期利润。1950 年 2 月初，北京市证券交易所（以下简称北京证交所）宣告成立。同年 3 月，国家统一了全国的财政收入，集中了物资的调配使用权，此后三个月商品市场连续呈现出衰退的迹象。与此形成强烈对比的是，股票市场却表现得异常活跃。1950 年 6 月起，伴随着国家调整工商业步伐的加快，城乡物资交换越来越通畅，社会需求也越来越旺盛，再加上逐渐趋于平稳的物价水平，这些都刺激着社会游资从资本市场上抽离，更多地转向资金不足的商品生产与流通领域，造成了证券市场的惨淡。对比 1949 年，不论是天津证交所还是北京证交所，1950 年的交易额都出现了大幅度下滑，甚至还有一部分经纪人因为无利可图、难以弥补的亏空不得不暂停营业或者直接关闭。从新中国成立起对资本市场的否定和排斥，一直到改革开放前也并没有得到好转。

1.1.3　改革开放前我国投资公司的发展

1950 年下半年，国家经济工作的重点内容是整顿工商业，旨在更好地解决城市工商业中面临的公私关系、劳资关系、城乡关系等诸多方面存在的问题。随着工作的深入开展，人们逐渐意识到如果不彻底地解决长期资金市场面临的困境，那么私营工商业根本无法取得长久繁荣的发展。在 1950 年 6 月召开的七大城市工商局长座谈会上，参会人员热烈地探讨了如何促进工商业的发展，并给出了多项指导意见：第一，工商企业在经营管理方面必须严格遵守公司的各项章程和具体规定，不得随心所欲，趁机制造市场混乱；第二，通过试办公私合营性质的投资公司来积极引导社会游资流向工商业企业，调剂社会资金的供需不平衡；第三，在创办投资公司的步骤上，各个地区要因地制宜，根据地区情况分别进行组织，在优先促进工商企业发展起来的基础上，再由小及大地发展地方性的投资公司；第四，基于证券交易中投机交易多于实际交割，套现情况占较大多数，暂停除天津、北京两个交易所外的其他交易所办理业务；第五，在投资管理方面，投资公司需要派员进行相应的监管，严格按照投资时的契约执行。

1950年8月，全国金融联席大会会议把如何解决工商业的长期资金来源问题作为了一项首要任务，对如何将社会游资转化为投资资金进行了深入的探讨和研究，会议中提出了诸多有效建议：第一，投资公司的证券可以进行转让；第二，投资公司资金来源不要过分依赖国家资本，要注意吸收社会闲散资金和华侨投资，拓宽资金来源；第三，投资公司从事的投资业务必须是有利于国民经济发展的生产性事业；第四，最好将股票的票面金额设置得小一点，以方便持有者在市场上进行流通转让，并且允许记名股票与不记名股票共同在市场中流通；第五，为了鼓励私人投资，可以给予投资者股份保息来吸引他们的投资目光。正是在这样的背景下，由北京工商业各界人士率先发起，并在当地政府、人民银行及交通银行的共同帮助下，北京市兴业投资公司（以下简称兴业投资公司）成功建立了。该公司是新中国成立以来在内地诞生的首家投资公司，公司股本合计200亿元人民币，其中国家银行投资占比3成，另外公司还允许法人入股。在8月28日召开的公司成立会上，兴业投资公司按照公司章程直接任命了董事23人，监事5人。同时，总经理和副经理直接交由董事会任命，政府对公司的监督主要是通过监事会来实现。在第一期兴业投资公司的筹资活动中，中国人民银行出资30亿元，其余的出资额是来自社会各阶层的私股，并且私股中来自金融业的居多，最后一共筹得股本100亿元。初创期的公司从事的只有投资业务，后来公司的业务范畴才逐渐变成了投资和承募代募公司债及股票。到了1950年底，公司所投资的单位已经达到5家，总投资额累计达43亿元。之后不久，其他省份也纷纷效仿北京成立起了投资公司，一时间各地的投资公司林立，包括天津、广州、武汉等多个城市都相继建立起了投资公司，来进一步吸引社会中的闲散资金和华侨资金来投资生产事业。天津市投资发行的首期股票达到50亿元，发行后不久就在天津市证交所上市，且上市后行情一直表现得相对平稳。不论是自1951年以来各地积极筹资组建投资公司的浪潮，还是天津市投资公司的上市，都展现了中国政府在新中国成立初期对于建立和发展长期资金市场的极大支持。但是，不幸的是，从之后的1956年一直到改革开放前，由于一些政策因素使得投资公司的业务基本处于停滞状态，我国真正意义上的长期资金市场并没有发展起来。

1.2 中国资本市场的萌芽孕育期

（1981~1985 年）

1.2.1 "红砖股票"与首次发行国库券

　　1978 年召开的党的十一届三中全会明确提出了要把全党的工作重心转移到社会主义现代化建设上来，并决定施行改革开放的重大决策。这次会议是我国历史上一个承上启下的关键转折点，既卸下了人们思想上的包袱，又极大地促进了社会生产力的发展。随着会议精神的深入贯彻落实，工业领域也开始出现了一些新的变化，"红砖股票"就是一个比较典型的例子。在 20 世纪 80 年代初期，抚顺红砖一厂仅单条的生产线早已不能满足红砖市场旺盛的需求，而若想扩大砖厂的生产能力，大致需要的资金为 1800 万元。时任中国人民银行抚顺市分行办事处信贷计划人员的胡颂华向市建委、市人行提出建议，可以通过发行 1800 万元的股票来解决资金的缺口。尽管这个想法在当时遭到了不少人的反对，但是抚顺市政府、市建委对此都表示支持，同意为红砖二厂代发 100 万元的股票。1979 年，抚顺市政府韩秘书长于 12 月 20 日和 27 日，先后两次主持召开了会议，会上集中研讨股票发行的问题。经过一系列的准备工作之后，1980 年 1 月 1 日，"红砖股票"正式面向公众发行。不到一个月的时间红砖股票就被好几百家企业抢购而空，新股上市反响甚佳，广大投资者的投资热情顺势高涨。通过发售股票，红砖厂很快就解决了购买设备扩大生产而需要的大量资金问题，产量也是翻了好几番。但由于当时的国家政策并不允许搞股份制企业，所以抚顺银行通过新增利润、税金等形式最终收回了股本金，红砖厂最终变成了国有资产独家经营。至此，"红砖股票"的发展历程也就告一段落了，但它产生的影响力却很大，"红砖股票"的发行开辟了新时期中国股票市场发展的新天地。

　　与股票市场中的"红砖股票"火热发行情况不同，我国的政府在财政支出上却出现了一些问题。在 1979 年和 1980 年接连两年的政府财政报告中，都显示财政状况为负数，且两年累计共达到 298.1 亿元的财政赤字，打破了新中国成立以来的最大财政赤字纪录。财政支出大于收入的赤字问题，引起了党中央领导人的特别关注。为了解决国库亏空，以及为社会建设提供所必需的资金支持，中央政府必须扭转亏空局面，一来这样可以让我国在国际上享有更多的话语权，二来也能保持国内政局的稳固和民心的稳定。于是中央政府筹划通过向百姓发行国债来解决财政危机，1981 年 1 月 1 日中华人民共和国国库券（以下简称国库券）正式发行。国库券是以中央人民政府的信誉作为抵押，信用违约风险小，这对老百姓来说不失为一种可靠的投资方式。另外，国库券是属于政府债券，面向企业单位和个人发售，它不作为货币流通，也不得在市场中进行自由买卖。在第一期发行活动中，我国的国库券发售了 40 亿元，规定每年支付的利息为 4 厘，设置还款期限为十年，并且还划分了全民所有制、集体所有制单位和城乡居民可购买的金额，双方各占一半。

1.2.2　股票与债券市场的初步发展

1978 年党的十一届三中全会之后，党中央为了支持农村的生产和生活，开始推行家庭联产承包责任制。它把家庭作为一个单位，以统分结合的特点，包干到户、包产到户，打破了旧式中国"政社合一"的体制束缚，实现了土地所有权和经营权的两权分离，被誉为中国农村经济体制改革的一次伟大飞跃。同时，中国的股份制改革也就在此刻开始发芽。农村的一些企业为了壮大企业规模、扩大生产，允许农民通过不同的生产要素入股，最终形成了农村股份制企业，由此出现了我国成立后最早的股份制形式。

在此之后，我国出现了"红砖股票"，并发行了第一期的国库券，这一系列事件共同推进了我国股票的发展走上一个新的高潮。20 世纪 80 年代初期，我国一些经济发展状况良好的地区率先开始在国有企业以及集体企业内部实施股份制。例如，在 1983 年，深圳市成立了内地的首家股份制企业，取名为宝安联合投资公司。1984 年 7 月，北京成立了天桥百货股份有限公司。并且在1982~1985 年这四年中，北京、上海、广州等多个地区的企业也不断涌现了向国企或者公众发行股票的行为。其中，上海的"飞乐音响"就是其中比较著名的股票，在国内外引起了强烈的反响，更是被海外媒体盛赞为"中国改革开放的信号"。在这个阶段，股票一般都是按照面值发行，发行对象以企业职工居多，采取保本保息、按期偿还的方式，颇有几分债券的性质。而且，企业发行的股票数量并不多，这是因为，一方面人们对金融业的专业知识掌握不够，对股票以及证券公司缺乏正确的认知与了解；另一方面是股票市场自身发展不够健全，虽然一级发行市场相对完善，但二级市场并没有真正地流通起来。而且，还有个别不良的企业为了谋取私利，打着发行股票的名义，实际上买卖的却是一些有固定还款期限抑或是有提前兑现权的企业债券，坑害了不少无知的股民。

　　另外，国内的债券市场在 1981~1986 年也有了初步发展，这一时期是我国债券的非公开交易时期。为了扭转政府的财政亏空局面，中国人民政府自 1981 年起开始向社会公众发行国库券。1982 年，中央又成立了国库券推销委员会以加强对国库券发行的推广和监督，自国债开始发行起至 1987 年，我国的国库券平均每年发行额为 59.5 亿元。之后，企业债券也兴盛起来。企业债券的出现是因为 20 世纪 80 年代初期的金融改革，使得银行等金融机构为了减少非系统性风险，强化了对企业贷款的条件限制，难以获得外部资金支持的企业也开始效仿国库券发行的成功经验，通过发行企业债券来化解资金难题。于是，1982 年出现了最初的企业债券，同年，我国的金融债券也恢复了发行。其实，中国最先开始出现金融债券是在北洋政府时期，之后由于国内政治经济的动荡，有很长一段时间停滞了发展，而我国金融债券真正发行是在 1982 年。并且就在这一年，中国的国际信托投资公司拓展了国外的债券业务，在日本发行了外国金融债券，这次债券的发行拉开了我国金融债券国际化的进程。三年后，由中国工商银行和中国建设银行率先出击，开启了金融债券的发行活动，并且从事特殊种类贷款业务。其后，中国银行和中国建设银行又多次组织发行了金融债券，参加金融债券发行的队伍慢慢地逐渐壮大了起来。

1.3　中国资本市场的初步形成阶段
（1986~1991 年）

1.3.1　股票与债券市场的进一步发展

　　1986~1991 年是中国股票和债券市场发展的摸索探究时期，我们不得不承认，在这个阶段，我国资本市场发展的火苗已经开始燃起并渐渐发展壮大起来。在 1984 年开始股份制试点之后，多地都相继设立起了股份制的公司，由此打开了我国股票发行的新天地，但同时它也带来了一些问题。股票持有者为了让股票流通起来以获取投资收益，开始自发地在市场中进行股票的转让交易活动，但是在当时我国尚且没有建立起场内的交易所，投资者的股票交易只能限于私下进行，交易场所分散、不固定，交易成本也比较高，再加上市场中的信息不对称，导致了股市中进行投机交易的股民偏多，且存在诸多欺诈虚假的信息。1986 年，国家为了整顿股市的整体运行态势，切实解决股票流通中存在的实际问题，在上海创办了股票公开交易柜台，这也是新中国成立以来的首个证券交易柜台，昭示着我国股票交易的兴起。1987 年，国家出台了更加精细化的指导意见，例如规定股票只能在法定的证券柜台进行转让，开放股票的交易价格等，进一步规范了股票市场，向国际化标准的股票市场逐步靠近。很快，股票的交易柜台数量就迅速增加，股票交易量也在疯涨，地域分布上有往武汉、成都等地延伸的趋势。根据 1990 年年底的数据，当时已经有 4750 家企业总共发行了超 42 亿元的股票。

伴随着企业发行股票规模的一步步壮大，我国的证券市场也逐渐兴盛起来。而受到官方许可的企业债券市场真正出现是在 1986 年，沈阳创办了企业债券柜台交易市场，由此揭开了企业发行债券在市场上融资的历史篇章。此后，证券的发行市场和流通市场也不断发展完善起来，从事证券交易的经营机构也越来越多了。1987 年 9 月 27 日，深圳创办了我国成立之后的首家证券公司名叫深圳经济特区证券公司。1988 年，由央行拨款又相继在多个省份建立起了 30 多家证券公司，进一步拓宽证券服务的地区范围。政府债券交易的试点工作开始于 1988 年，自此之后，证券交易活动便迅速在全国铺开，证券交易量也成倍增长。同月，国务院经过研究决定将山东省淄博市周村区作为改革农村股份制的试验区，农村的股份制改革能够平衡新老股东的利益，还可以促进农村集体经济的繁荣。1988 年 5 月，武汉产权交易中心成立并向市场开放。也就在这一年，国家将金融债券的发行权由银行进一步放宽至部分非银行金融机构。其后，为了进一步活跃市场经济，促进金融配套设施的完善，我国又分别在上海和深圳相继设立了证券交易所。

1.3.2　沪深证券交易所的成立

改革开放以来，我们在不断吸收、引进国外资本进入国内市场的同时，也逐渐意识到了只有建立属于我们中国自己的资本市场才能满足经济建设所需要的大量资金，才能改变落后就要挨打的困境。正是在这样的背景下，上海证券交易所（以下简称上交所）和深圳证券交易所（以下简称深交所）先后出世。

在 1989 年 12 月召开的上海市委常委扩大会议上，时任市长朱镕基针对金融改革的相关问题给出了若干项意见，他明确表示要推进上海建立证券交易所。经国务院批准同意后，第二年上交所正式成立。上交所是我国成立后，设立起的首家证券交易所，于 12 月 19 日正式投入到运营中。上交所在公司类型上属于全民所有制，注册的资本总额为 3 亿元人民币，交易所内多采用现货交易，功能上主要是为证券交易活动提供所需的交易场所、相关设备设施和一些有价值的证券市场信息，同时也会组织证券的上市活动等。在成立的初期，上交所内交易的品种主要是各种债券，涵盖了国债、企业债券和金融债券，股票交易虽然也有但数量并不多，后期股票占总交易量的比重才不断得到攀升。上交所是国内首屈一指的证券交易所，它的建立承载着推动金融市场繁荣发展的艰难重任，而它也凭借着自身得天独厚的地理优势，创新技术优势，发挥着自己在推动经济发展中的先锋作用。

对比上交所，深圳证券交易所的组织筹备过程更加漫长，创立时间也稍微晚一些。1982年，深圳市通过报刊招股创立了广东省宝安县联合投资公司，在一年后其发行了股票"深宝安"。1984年，中央决议开始实施企业股份制改革的试点，这为之后证券交易所的建立创造了良好的市场环境。1988年，包括"深宝安"在内，已经形成了五只影响力较大的股票，号称深圳"老五股"。随着国内股市的火热发展，对规范的证券市场的需要也就变得更加强烈，紧随上海市设立证券交易所的步伐，深圳市也积极展开了相应的工作。1990年年初，深圳率先踏出了证券交易所建立的第一步，挂牌成立了专门的筹备工作小组。同年12月1日，深交所开始试营业，并由此引发了深圳的股市热潮。获国务院批准和央行核准通过后，深交所于1991年7月3日开始营业。它的所有权归属与上交所一样，都是属于全民所有制的企业，深交所注册资本达5亿元人民币，主要职责是组织和监督证券交易业务，为证券交易活动提供安全的场所和各种设施，维护正常的市场秩序，业务范畴包括有价证券买卖和证券交易等。深交所的建立，与上交所相互补充，在推动国家自主创新战略落实的同时，也有助于构建多层次的资本市场。

上交所和深交所这两大交易所的成功建立与国家在政策上给予的大力支持、二级流通市场的逐步完善以及市场中存在的非法交易活动密不可分，正是它们召唤出了证券交易所的成立，同时也打开了我国资本市场建设崭新的一页篇章。井然有序的场内证券交易所，不但能为证券买卖双方提供安全、可靠的交易地点，进一步降低双方交易的成本，减少相互之间的信息不对称性，还能积极并且合理地引导社会资金流向需要的行业和领域，通过双方竞价达成交易的模式更是可以形成价格公告，恰当地传递出市场的信息信号。不管是上交所还是深交所的成立，都对构建我国的经济体系发展来说至关重要，它们既能为投资者提供证券交易活动所必需的场所和设备设施，更好地展现金融活动的便利性，推动经济结构的优化升级，又能通过证监会传递出中央的政策精神，正确地发挥好"两只手"的作用，进一步激发市场经济的活力。

1.4 中国资本市场的成长与规范阶段

（1992~1999 年）

1.4.1 深交所的进一步发展

自20世纪80年代末到90年代初期，世界各个地区都暗潮涌动，不安的氛围笼罩在世界上空。国际上，先后历经了苏联解体、东欧剧变、美苏冷战等一系列事件后，世界出现了多个政治中心，同时在经济上国家与国家之间的联系也愈加紧密，地球逐渐连成了一个地球村；而国内，改革开放推行的实践过程也并不顺利，甚至还有相当一部分人在思想上出现了困惑，质疑是否继续走社会主义道路，对社会主义发展前景也缺乏信心。正是在这样的背景下，邓小平同志毅然站了出来。1992年，他在考察武昌、深圳、珠海、上海等地时一边走一边发表重要讲话，既总结了改革开放以来的成功经验和失败教训，又明确指出了计划和市场并不是区别社会主义与资本主义的关键，两者都只是促进经济发展的一种手段，要想实现中国的向前发展首先必须坚定社会主义立场不动摇。这一路的讲话内容被称为"南方谈话"，"南方谈话"不但消除了人民心中的思想负担，还为中国之后的经济改革指明了方向。

伴随着证券市场的不断发展，以深交所为首的股市浪潮风靡全国。越来越多的人寄希望于股市来实现一夜暴富，在这样的氛围下，股市的危机也在悄然萌发。其中比较具有代表性的是1982年深圳市爆发的"8·10事件"，这是由股民疯狂抢购股票认购证所引发的群体性摩擦事件，这一闹剧的发生打破了股票市场原有的红火态势，尤其重创了以深圳股市为首的股票市场，上证股指在两日间暴跌19%。在当时，我国的股票市场发育尚且比较初级，相应的配套设施也不够完善，规制体系和监管体系都不够健全，这也导致了这一阶段股市发展乱象丛生，国家也逐渐地意识到了有必要建立统一规范的监管机制来规范市场秩序，确保其稳健运行。于是在1992年10月，我国专门成立起了两大管理委员会来切实落实对证券市场的指导、监督和管理工作，进而营造良好的市场投资环境，更好地保证投资者所享有的投资利益。随后不久，国务院又相继出台了加强证券市场宏观调控的多项政策通知，通过这样的措施一步步地把资本市场纳入了国家的全面监管之下。深交所从建立之初就一直注重对新兴科学技术的探索和开发，重视对产品的创新研究，并致力于将我国的证券市场推上国际性的舞台。在 1994 年，深圳市率先实现了委托报盘手段的技术突破，通过证券双向卫星网来向内陆地区传输有效的信息。经过不断的发展，到 1995 年时深交所已发展形成了包括股票、债券、期货等多品种在内的多样化证券市场，同时我国在构建全国性的证券市场进程中也有了初步的成效。1996 年，经国务院审批同意，为满足各地区证券发展的需要，先后在五大城市建立起了证券服务中心，以提供更加优质的证券服务。1997 年 4 月，深圳还专门成立起了证券的综合研究所。同年的 7 月 2 日，深交所被正式交由中国证监会进行监管。为了更好地扮演其在国家资本市场建设中的角色，适应科技创新和技术创新的要求，深交所于 1995 年向中国证监会提交了成长板市场的建设意见和实施方案，并于 2000 年经国务院批准后开始实施。纵观 1992~1999 年深交所的发展历程，不难看出我国资本市场在一步步地发展壮大，并逐步踏上了规范化的道路。

1.4.2 资本市场具体业务的进一步发展

资本市场主要是为长期资金借贷活动提供服务的场所，它是金融市场的有机组成部分。建立资本市场对于中国的经济和社会发展来说有着至关重要的作用，它不但能够实现资源的优化配置，推动国民经济朝着健康的方向发展，还能适应时代发展的要求建立起现代化的金融体系。毋庸置疑，资本市场是中国经济向前发展的引擎。我国的资本市场交易种类上可以划分为股票市场、国债市场、企业债券市场，它们都是随着上交所和深交所的建立而慢慢发展起来的。以 1992 年邓小平同志进行的"南方谈话"为标志，中国的资本市场发展迎来了新的光明。通过"南方谈话"，老百姓进一步坚定了社会主义立场，厘清了采用市场方式发展经济并不是资本主义社会所特有的，计划和市场都是手段，关键在于促进国内生产力的发展。在这之后，发展资本市场逐渐得到了更多人的认同，其影响也日益扩大。

在 1992~1999 年这段时间里，我国股票市场蓬勃发展，基本形成了全国性的股票交易市场。到 1992 年，上海市发行股票的公司已经有 55 家，深圳市开始发行股票的公司也有 10 家之多，同时国内各种有价证券的发行总量除内部发行的股票之外总额超过 1200 亿元。就在这一年，国务院批准同意了将广东、福建、海南 3 个省份与深圳、上海一并纳入公开发行股票的试点的决议。并且，朱镕基总理还表示为了大力支持股票市场的发展，推动股票上市，我们要积极促进深圳市和上海市建成全国性的股票交易中心。

同样，我国证券流通市场也取得了较大的发展。1992 年，全国证券集中交易市场的总交易金额超过 1000 亿元，并且在之后的一年中证券交易规模又迅速扩张，到第二年交易金额就翻了 4 倍多，交易总金额达到 4553 亿元。同时，区域性的场外交易市场也在兴旺发展起来。区域性的场外交易市场主要是在地方政府主导之下建立起来的证券交易、股票交易和产权交易的中心，其中具有代表性的有成都的红庙子市场、乐山产权交易中心以及天津和武汉证券交易中心等。除此之外，为满足投资者多样化的投资需求，各式各样的证券中介机构也接踵兴起，出现了证券咨询机构、风险评估机构、信托服务机构和证券律师事务所等众多的机构。正是由于不断发展起来的二级流通市场、区域性场外交易市场和证券中介机构，我国资本市场的发展愈发完善，经济体制改革和产业的优化升级工作也得以顺利开展。而我国证券市场的管理真正走向规范化和法制化，是以 1992 年年底国务院发布通知要求加强对证券市场的宏观管理为起点的。我国股票公开发行的试点工作面向全国铺开是在 1993 年。也就是在这一年，我国新推出了 NET（中国证券交易系统）。该系统与 1990 年建立的 STAQ（全国证券交易自动报价系统）相互补充，为罢市后的公司股份流通提供了继续交易的场所，还附带解决了困扰股市很久的由股权分置改革所带来的法人股流通问题。在 1995 年党的十四届五中全会上，促进证券市场被纳入了国民经济的发展计划中。1997 年，国家主要对市场中的各种不良现状进行了整治，在这一年中证监会架构起了更加完善的市场规则体系，同时还加强了对金融专业知识的宣传教育，进一步增强了投资者的风险识别能力和风险规避实力。1999 年，国家又通过出台一系列的法规，提升了直接融资的比重，完善了股票在发行、上市方面的相关制度，进一步加强了对证券市场发展的扶持。

国债市场在这个阶段也取得了前所未有的发展。央行通过在公开市场上买卖债券来调节社会货币的供需平衡，操作灵活又掌握了主动权，不但能实现特定的财政上的目的，同时还能增强证券市场的活力。1991 年 4 月，国家财政部首次组织承销团开启了我国真正意义上的国债发行活动。我国的国债市场于 1993 年推出了一级自营商制度，该制度指的是准许符合我国各项条件限制的金融机构参与投标竞销国债和直接承销业务。它的存在能促进国债的发行、推广和销售，有助于国债市场的繁荣和持续运转。同一年，上交所发行了国债期货的交易品种，并面向市场开放。1994 年，国家规定政府的财政亏空问题不得以向银行透支来弥补，于是这也进一步刺激了国债市场规模的不断扩大。在1994 年和 1995 年，国债规模分别是 1137.55 亿元和 1537 亿元，1996 年国债便迅速激增到了 2050.82 亿元，另外还有 14 亿美元的外币债券。1996 年，国债在发行方式上由原来的承购包销向公开招标转变，并且国债的发行价格采取竞价方式，新的发行模式不仅降低了国债发行的成本，同时还有利于提升国债的发行效率和市场化程度。另外，国债在品种和期限上也不断推陈出新，品种上不但有贴现债券还有附息债券，期限上也有不同时间段的短期和长期债券来满足投资者的多样化的投资选择，同时我国也积极接轨国际化的国债市场发展。多样化的国债投资工具在带给投资者更多投资选择权利的同时，也有利于缓解政府偿债高峰期的压力。

同一时期，企业债券市场也得到了一定的发展。企业债券市场虽然在发展上相对落后，但它也是资本市场中不可缺少的一环，作为企业进行融资活动的重要场所，它的成熟与否直接反映着证券市场的运行态势。企业通过发行债券来向投资者进行融资，既丰富了企业的筹资来源，又可以降低融资的成本，并且筹集的资金多属于长期资金，可以满足企业长时间建设投入的需求。另外，发行企业债券还有助于提升企业的号召力和影响力，树立起企业良好的口碑和形象。其实，我国的企业债券出现时间很早，企业在1986年就开始发行债券了，但是在相当长的一段时间内，企业债券的发行并不规范。这集中表现在发行规模和发债管理这两点上：首先，企业的债券发行规模不够稳定，比如1992年发债高达681.7亿元，而1993年却才只有24.8亿元；其次，没有明确的机构对企业的发债行为进行管理，这导致了企业的债券发行管理一片混乱。为了整治企业债券市场的秩序，使其走上制度化、规范化的道路，在1993年国务院出台了对企业债券的多项管理条例。自此之后，企业债券在发债规模上渐趋稳定，无序的竞争状态也有了很大的改观。1994年，企业债券被分成了中央企业债券和地方企业债券。1996~1998年，企业债券的发行主要集中在国家重点支持发展的领域，如电力、石化、铁路和水坝工程等。

1992~1999年，我国在资本市场的发展进程中迈进了一大步，但同时我们也应当意识到，中国的资本市场发展在这一时期尚不完全，处于比较基础的阶段。资本市场的规则体系没有完备地建立起来，存在着法律基础薄弱、市场秩序混乱、信息不对称性、区域间协作性不强等诸多问题。但从另外一个角度来讲，也正是由于这些问题的存在，才激励了我国资本市场不断地走向规范和完善。

1.5 中国资本市场的快速发展阶段

（2000 年至今）

1.5.1 中小板市场的设立与发展

中小板块是不同于主板市场的另外一个板块，它主要针对的是符合上市条件、成长性好、科学技术水平较高的公司，在中小板市场上流通的是处于 1 亿元以下的创业板块。2002 年，深交所向证监会提出了设立中小企业板块和渐进分步骤创立创业板的构想。2004 年 1 月，国务院对资本市场发展提出了一些指导性的意见，把发展资本市场上升到了国家战略层面，并且对于创业板市场的建设明确提出了要采取分步骤推进。同年 5 月 17 日，深交所设立起了中小板块，10 日后中小板块正式投入市场运营。中小板市场的建立是中国国情发展的特有产物，它作为创业板的过渡，是推动构建多层次资本市场过程中的重要一环。设立中小企业板块的优势主要表现在以下几个方面：一是中小企业板块处于成长期，具有较高的投资收益；二是中小板块企业大多数位于沿海经济发达的地区，在地域上占有一定的优势；三是自主创新能力强，中小板块的企业多数是具有高新技术的企业，在技术和人才上有领先地位。国家"十一五"规划也特别强调了要注重科技创新，这也为中小板块企业的发展营造了良好的市场环境。

自 2004 年中小板市场成立之后，中小企业乘机抓住发展机遇，经过十多年的发展，已经有大部分公司发展成了细分行业的领先企业。数据显示，在 2014~2018 年中小板现金分红的公司数量和分红金额都稳步增长，现金分红公司数量占公司总数的比例达到了 75% 以上。其中，2018 年中小板上市公司现金分红总额 937 亿元，12 家公司现金分红总额超过 10 亿元人民币。在股权融资方面，中小板 932 家公司 IPO 累计融资 6109 亿元，累计股权再融资 1.6 万亿元，这里面有 340 家公司上市后融资超过 2 次，58 家公司上市后融资超过 4 次。在研发支出和强度上，近 5 年来中小板上市公司研发支出总额的复合增长率达到 25.3%，研发强度持续保持在 2.5% 以上。2018 年，中小板上市公司的研发支出总金额为 1463.2 亿元，平均研发支出 1.68 亿元，同比增加了 24.8%，研发支出占同期营业收入的平均比重为 3.17%。另外，中小板企业还积极助力企业并购重组来达到对资源的优化配置。2004年到2019年5月，中小板上市公司累计完成重大资产重组429单，交易金额合计8349亿元，并且有超过60%的重组方案为产业升级或上下游并购，比较有代表性的案例有帝欧家居收购欧神诺和木林森收购"欧司朗"通用照明业务。截至2019年5月17日，中小板上市公司已经达到932家，总股本8646亿股，累计总成交金额197.91万亿元，股票总市值8.6万亿元。

1.5.2 创业板市场的设立与发展

创业板市场是专为暂时未达到主板市场上市标准的企业进行资本筹集和运作的市场，它主要服务的对象是处于成长期、创新能力强和科技含量高的中小型企业，该市场又被称为二板市场。创业板市场的设立是从中国的实际国情出发，不但为中小企业提供了融资活动的场所，还符合我国的创新驱动战略导向，进一步加速了市场化经济发展的进程，更有助于推动构建多层次的资本市场体系。相较于主板市场来说，创业板市场有其独特的特点。一方面，表现在投资对象的区别上，在主板市场上市的基本是成熟的、经营稳定的大型企业公司，而在创业板上市的是处于生长发育期的中小型企业，并不过分看重企业当前所能带来的收益，更加关注公司未来所能带来的效益，关注企业的发展前景。另一方面，表现在对公司上市的标准上，创业板市场不论是对于股本要求、盈利要求还是在业务范围上都明显低于主板市场。也正是因为创业板的存在才让那些处于起步初期、缺乏资金支持的高新技术企业有了专门的资金融通场所。另外，创业板市场还是一个追求高投资收益，同时伴随着高投资风险的市场。新兴的创业板市场发展充满着诸多的困难和挑战，为增强对创业板市场发展的指导，国内专门成立了保荐人制度。该制度架起了上司公司与证券交易所沟通的桥梁，并且协助投资者挑选出更加优质的企业，切实地保障了他们的投资利益。创业板市场上的企业只能经营一种主营业务，且经营时期都相对更短，并且可以不设置最低的盈利性要求。在市场的监管上，政府的各个部门也高度重视，尤其强调信息披露的及时性和准确性，对存在的各种违规违纪操作和欺诈行为坚决严惩不贷。

我国建立创业板市场的构想最早出现在1998年。当时由成思危发表的《关于借鉴国外经验，尽快发展中国风险投资事业的提案》，被认为是中国创业板市场成立的前奏。这个提案一经出世就受到了各方的好评，深圳的证券交易所在此之后展开了积极的工作，到2000年时，深交所就停止了市场中的新股发售。2001年，受全球科技股暴跌的影响，国内的股市也出现了一些震荡，经过中央领导的讨论决定，延缓推进建立创业板市场的进程。2002年8月，《中华人民共和国中小企业促进法》出台以增强对中小企业行为的指导和约束。面对公众和专家学者对创业板市场建立的诸多议论，深交所果断明确自身的定位，致力于为中小型企业服务，并决定率先建立起中小企业板块，分步骤过渡到创业板市场。2004年1月，国务院召开会议表示要把发展资本市场作为国家发展的一项战略进行，慢慢地完善创业板市场建设。2005年，我国的股权分置改革工作启动，股权分置改革能够协调新老股东间的权益纠纷，达到平衡利益，进而扫除资本市场的发展障碍，加速推进创业板市场的出台。2008年，国务院表示将在合适的时机推出创业板。经过多年的努力，2009年10月30日，我国的创业板市场终于正式上市了。相关数据显示，在创业板上市的第一批公司总共才不到30家，而到2014年2月时，创业板上市的公司已接近400家，股本总计758.8股，总市值在1.88万亿元，市值位居全球服务创业创新市场的第二名，仅次于NASDAQ。2019年上半年数据显示，在创业板上市的公司总数为767家，实现并购重组交易额492.16亿元，同比增长123%。

创业板市场进入门槛并不高，它主要通过严格的监管程序和运作手段来满足新兴技术企业的融资要求，是对主板市场的一种有效补充，它的作用集中表现在以下几个方面：第一，创业板市场适应了中小型和新兴科技公司的融资需要，打破了市场中资金借款难、借款利率高的困境，还积极引导了风险投资的导向，促进银行等金融机构为符合条件的相关企业提供贷款和担保业务。第二，创业板市场的发展进一步激发了研发人员科技创新的热情和积极性，公司可以通过奖励科研人员公司股份或者赋予他们期权计划等方式，变科技创新收益为他们可以实际享有的收益，以提升社会整体的创新效率，促进科技创新的风气。第三，创业板市场在推动产业结构优化升级和协调区域发展等方面也发挥着巨大的作用。创业板市场主要服务于科技水平高和创新能力强的企业，它能为新能源、信息技术、生物、医药等相关领域的技术攻关提供长期的资金支持，进而带动一系列相关产业的优化升级，提升所在区域的整体竞争力和科技创新能力，推动经济朝着高质量的方向发展。

1.5.3　场外交易市场的设立与发展

与场内的交易市场不同，场外交易市场指的是在符合国家规定设立的场内交易所以外进行证券买卖活动的其他场所。与场内的交易所不同，场外交易市场是一个广阔、自由的市场，从类别上进行划分它主要分为柜台交易市场、第三市场和第四市场。在这个市场上没有固定的交割地点，买卖双方都是自己私下联络，相对来说更加灵活方便，在技术上还可借助电话、传真和互联网来完成交易。一般来说在场外交易市场上进行流通的主要是以信用违约风险很小的国家债券居多，这样可以减少双方由于信息不对称所造成的风险。不同于场内交易的经纪商制度，场外市场交易采取做市商制，直接将投资者与券商联系起来。对于证券的买卖价格来说，并不是固定不变的，主要是双方协商决定，证券公司同时挂出证券的买价和卖价，并无条件依照给出的价格进行交易，证券的最终价格由买卖双方在牌价的基础上相互商议决定。但是，场外交易市场存在的一个明显缺陷就是国家对它的监管并不是特别到位，这是因为场外证券交易所缺乏统一的组织和管理章程，时间和地点上都不好确定，具有很强的分散性。但是近些年来，场内交易市场和场外交易市场之间不再变得界限分明，证券的交易方式都越来越多地依靠互联网进行，先通过网络将订单集中起来再交由电子交易系统进行处理，以增强证券交易的灵活性和准确性，提升市场效率。

中国的场外交易市场是随着改革开放后实施的股份制改革而逐渐发展起来的。1986年，沈阳率先成立了股票的柜台交易市场，这是中国资本市场上最早出现的柜台交易市场。不久之后，在上海信托投资公司的静安证券部也同样出现了股票的柜台交易市场。很快，建立场外交易市场的浪潮席卷各地，一时间全国上下纷纷建立起了各类证券交易中心和股票交易场所。其后，为了进一步拓宽场外交易市场的范围，1992年7月，由9家全国性的非金融机构联合发起并向社会筹集建立起了全国自动报价系统（STAQ）。该系统主要是通过互联网信息技术连接起全国各地证券交易活跃的地区，并为系统里面的会员用户提供精准的证券买卖价格资讯和专业的证券交易、清算等方面的服务，从而使地理位置分散的各证券机构能够相互高效、安全地展开业务。1993年，中国人民银行成立了金融市场报价、信息和交易系统（NET）。这个系统以互惠互利、共同发展原则为导向，依托计算机网络和各种通信技术，主要从事证券交易和资金拆借业务。1997年，亚洲金融风暴爆发，在当时的情况下为了稳定国内市场，防范金融风险的渗透，中国证监会紧急要求关闭所有的地方性柜台交易市场和证券交易中心，并对场外交易市场采取全面的整顿和清理工作。2000年以后，伴随着产权交易市场的不断扩大，相继出现了一批非法的证券和期货交易活动，严重扰乱了市场的公平竞争秩序，同时也加大了政府的监管难度。在这样的背景下，国家前后出台了多部法规来限制场外交易市场上的非法活动，严厉打击了市场中存在的无序、混乱现象，净化了市场的交易环境，营造了公平的投资氛围。2012年底，国务院明确表示要由点及面，逐步推动构建全国性的场外交易市场。2013年1月16日，海通证券发布了柜台交易的产品，这标志着我国券商柜台交易市场的开始。至此，我国多层次资本市场的基本框架大致呈现了出来，市场经济的发展也有了一定的成效。

场外交易市场是对场内交易市场的重要补充，它不但能实现社会资本的合理配置，对融资工具相应地进行风险匹配，优化市场的投融资环境，还能完善国内证券、期货等金融工具的品种体系，更好地发挥它们的金融服务功能。但是，场外交易市场较为分散，管理上也更加松散，但它同样是我国多层次资本市场中的重要一环，国家应当建立相应健全的规制体系和监管体系，推动场外交易市场朝着更加有序的方向发展。

1.5.4　科创板市场的设立

科创板是专为掌握核心技术的科技创新企业提供资金融通活动的场所，它与主板市场相互独立。在科创板上市主要看重的是企业自身的创新能力、科技水平和发展潜力，并不过多地要求企业在公司管理、盈利水平、规模大小上都占有优势，并且在我国的科创板上市实行的是注册制，只要企业符合证监会确认的注册条件就可登陆科创板市场。

2018 年 11 月，国家主席习近平在出席中国首届国际进口博览会时宣布，将在上交所建立科创板并将试点注册制。随后，上交所立即表态将坚决遵照习主席的指示，积极推进科创板的建成，同时还要制定出切实合理的注册制试点方案。2019 年 1 月 30 日，中国证监会面向大众广泛征集关于科创板上市的监管和股票首次公开发行的注册管理建议。同一天，上交所也积极向广大人民群众展开问询，聆听他们关于科创板创立和注册制试点的意见和看法。到 2 月时，中国证券监督管理委员会（以下简称中国证监会）还专门派出人员赶赴上海，实地采集当地市场机构和人民群众的建议，同时还积极展开对上交所的相关改革工作的指导与监督工作。同年 4 月，上交所成立科创板股票上市委员会，并顺利召开了第一届上市委员会。在随后举办的第十一届陆家嘴论坛的开幕仪式上，由中国证监会和上海市人民政府联合揭开了上交所科创板的开板仪式。4 月中旬，券商顺利通过了科创板的技术通关测试。最高人民法院立足顺利推进以市场机制为主导的股票发行制度、依法提高资本市场违法违规成本、建立健全与注册制改革相适应的证券民事诉讼制度等多个方面的要求，在 2019 年的 6 月发表了若干项对科创板市场建立和注册制改革试点的意见，促进司法保障体系的完善。经过多年的不懈努力，2019 年 7 月 22 日，科创板终于成功开市，这也标志着中国资本市场迎来了一个全新的板块。

科创板市场的建立丰富了资本市场体系，为我国的资本市场发展添上了绚丽的色彩，是我国金融发展过程中一件激动人心的大事件。科创板主要为处于成长期、科学技术含量高、创新实力强的中小企业提供服务，能够解决它们的融资困境，放宽了市场的准入条件，鼓励更多享有核心技术和创新能力的企业能发展起来，同时也顺应了我国的创新驱动和科技强国战略，积极推动了企业动能转化和产品的优化升级，有助于进一步升华改革开放的实践结果。而在当今的形势下，科创板市场要想实现健康的发展，"创新"是关键，这还得从多方面共同着手切入。首先，科创板要极力推进资本市场、金融市场与科学技术、创新水平的紧密结合发展，做到互补互助、共同发展。发达的资本市场和金融市场能够加速新兴资本的形成和有效周转，支持科技创新型产业的成长发展，同时科技创新也需要丰厚的资金作为保障。一般来说，科技创新通常具有投入成本高、风险系数高、投资周期性长的特点，企业要想在技术上实现突破、发展上取得创新必然要有长期稳定的资金支持。而科创板的成立，就正好能弥补创新型企业资金上的不足。虽然，中国的资本市场在支持科技创新上已经做了诸多的尝试和努力，但还是有很多发展势头不错的创新型企业选择到境外上市，这也说明了在这方面我们还有很多有待进步的空间。其次，科创板应该进一步完善相应的市场配套设施，健全合理的规则体系。总体而言，我国的科创板市场发展才刚刚起步，这是一次全新的探索，肯定会面临各式各样的困难与挑战，各方都应该重视市场的行情变动，严厉打击各种虚假信息、违规价格操纵、欺骗发行等不法行为，建立起严谨的信息披露制度和责任分明的监管体系。另外，还要将科创板塑造成资本市场基础制度改革创新的先锋开拓者。同时，在借鉴国外市场发展的宝贵经验基础上，积极在推进国内上市发行、保荐承销、价格机制等各个方面进行不断探索，以激发市场的活力。最后，科创板市场还需要给予创新型企业更多的包容性，从市场准入、政策规定、优惠利率等多个方面入手，为这些中小企业提供真实可行的帮助，积极支持并促进它们的稳健发展，营造出良好、活跃的市场氛围，同时兼顾新老股东间的利益平衡，更好地保护投资者的利益。针对企业之间的不同特点，从企业规模、资产状况、投资经历、风险承受能力等多角度进行考察，为投资者提供更多可供选择的投资产品，迎合他们个性化的投资需求。

2

我国资本市场监管制度变迁

本章从资本市场监管体制的主要类型出发，详细刻画了我国资本市场监管制度的变迁历程及阶段性特征，在此基础上对我国资本市场监管制度变迁的成效进行系统评价，最后就资本市场监管制度的完善与优化提出若干发展思路。具体来看，本章主要包括以下4节内容：第1节重点梳理了资本市场监管体制的主要类型；第2节全面介绍了我国资本市场监管制度的变迁历程；第3节系统评价了我国资本市场监管制度变迁成效；第4节着重提出了我国资本市场监管制度的完善思路。

2.1 资本市场监管体制类型的介绍

资本市场监管体制的类型往往会因不同国家的经济发展阶段、资本市场结构等出现差异，总体而言，目前主流的资本市场监管体制包括集中型监管体制、自律型监管体制和中间型监管体制。

2.1.1 集中型资本市场监管体制

集中型资本市场监管体制是指政府成立全国性、专业性的资本市场监管机构，通过制定和实施证券市场监督管理法律法规来对本国的资本市场进行统一监管，各类证券交易所和券商协会组织作为自律性监管主体往往充当辅助角色。该类资本市场监管体制按监管主体设置可以区分为独立型模式和附属型模式。独立型模式主要指监管主体由独立于国家的其他经济机构的专职部门来承担，如美国证券交易委员会（the U.S. Securities and Exchange Commission, SEC）是美国资本市场的最高管理机构，其独立于政府和业界，与全美证券交易商协会和证券业协会等自律性组织并无依附关系，统一司职全美资本市场交易活动，且具有行政功能和准司法职能。附属型模式中一类是以中央银行下属机构作为监管主体的资本市场监管体制，如巴西证券委员会作为资本市场监管主体，是该国中央银行组成体系中的一份子；另一类是以财政机构作为监管主体或监管指导机构的资本市场监管体制，如日本负责监管全国资本市场交易活动的证券局即隶属于政府财政机构，重点监管证券交易所、金融公司对于证券法律法规的遵守和实施状况。

实行集中型资本市场监管体制的代表性国家是美国，20 世纪 30 年代爆发的经济大萧条使得当时美国管理混乱的金融体系和资本市场遭受沉重打击，由此形成的惨痛教训也使政府意识到必须积极介入资本市场监管，建立和完善严格可控的资本市场立法体系，这为美国集中型资本市场监管体制的形成奠定了良好基础。美国于 1933 年、1934 年相继颁布了《证券法》、《中华人民共和国银行法》（以下简称《银行法》）、《证券交易法》等一系列证券法律法规，并成立了证券交易委员会，其承担了对全国资本市场进行监督管理的重要职责，作为证券发行、交易以及信息集散中心，美国证券交易委员会负责搜集和输送各类与资本市场交易相关联的重要信息，要求公开发行证券的市场主体必须履行到场注册、提供财务报表、公开市场信息等义务，同时结合资本市场的发展现状制定、调整涉及证券交易活动的管理决策。当然，虽然美国通过总结自身资本市场发展经验确立了集中型资本市场监管体制，但其并不排斥行业性自律组织在推进资本市场监管体制完善中的重要辅助作用，就现阶段而言，美国联邦证券交易所和全美证券交易商协会是最主要的两个自律监管组织。美国联邦证券交易所通过建立会员准入制度，开展入会会员的资格审批和注册登记工作，提供政府监管机构和各类证券交易机构之间进行信息互通的平台，核定会员收费标准并实时监督参与证券交易活动的市场主体行为。全美证券交易商协会重点负责规范场外交易市场的交易活动，其在完善证券公司、投资机构与个体经纪人之间的业务联系方面发挥着关键影响。2007 年，全美证券交易商协会与纽约证券交易商监督委员会实现了机构整合并重新成立了美国金融业监督管理局，负责监管证券经纪商、交易主体以及大众投资者之间的交易业务（秦洁，2010）。

2.1.2 自律型资本市场监管体制

自律型资本市场监管体制主要指政府较少直接参与对资本市场的统一监管，而主要依靠券商协会组织等自律型行业监管机构的规章制度以及一些间接法规实现监管目标的体制。实行该类资本市场监管体制的代表性国家是英国，英国从国内资本市场萌芽发展到成立金融服务监管局的相当长时间内均实行自律型资本市场监管体制。1986 年"金融大爆炸"这一金融领域国际化、自由化改革发生之前，英国主要依据《中华人民共和国公司法》(以下简称《公司法》)、《公平交易法》等法规中关于证券监管的制度规定以及证券市场交易主体的自我管理规定，来确保资本市场交易的顺利开展。直至"金融大爆炸"之后，英国政府才逐步加大了对资本市场的干预程度，制定了一系列与证券发行、上市、交易、信息披露有关的法律法规，如《金融服务法》《财务服务法》等(郝旭光等，2015)。但总体而言，自律保守的人文传统和崇尚自由竞争的市场理念，都促成英国形成了分散化的资本市场监管立法思想，英国资本市场交易主体尤其是券商，在交易过程中也逐步形成了以自我约束、自我管理、自我发展为显著特征的自律型资本市场监管体制。从内在构成来看，英国自律型资本市场监管系统的运行依赖于两大层面机构的配合，一是证券交易所自身的监管属性使然，其同时承担了证券交易运行和监督管理的双重角色；二是由证券行业理事会、证券交易商协会和企业并购专门研究机构所组成的非政府管理组织。

2.1.3 中间型资本市场监管体制

中间型资本市场监管体制是介于集中型资本市场监管体制和自律型资本市场监管体制之间的一种监管体制，该种资本市场监管体制旨在寻求统一立法监管和行业自律约束之间的平衡。实行该类资本市场监管体制的代表性国家是德国，其在资本市场交易活动监管过程中既强调立法管制的重要性，同时又延续了自律管制的色彩。工业革命的兴起引发了市场组织形态的重塑，尤其是伴随着股份制逐步引入，德国证券市场逐步发展起来，但其运转轨迹呈现出与英美国家略有不同的特征。19 世纪后期德国建立起了比较发达的商业银行网络，并借此积累了强有力的垄断金融资本，德国国内股份有限公司在发行股票时并非通过直接吸纳社会闲散资金的方式来实现，而是通过商业银行认购的方式开展，由此商业银行就充当了证券交易和证券经纪的双重角色，成为资本市场中的"全能组织"。在这种经营体制下，证券市场的发展通常只能依附于金融资本市场，借助银行业的杠杆手段实现资金融通。在资本市场监管机构设置方面，德国并无统一性、专业性的联盟监管组织，混业经营的现实也使德国资本市场的监管方式趋于多样化，例如，德国中央银行通过特许证管理制度和银行监督管理局来对参与证券交易业务的相关银行实行监督，同时还通过设置卡特尔办公室，依据《反不正当竞争法》来对上市公司的并购、接管事项等进行审查（秦洁，2010）。总体来看，与集中型资本市场监管体制相比，德国政府层面对于资本市场的监督管理职能属性并未凸显出来，相反行业自律管理成为该国资本市场监管的重要特征。

从我国资本市场发展历程来看，资本市场的形成初期相应的管理机构集权程度较低，虽在一定程度上催生了我国资本市场的高速发展，也不可避免地带来了无序发展和管理混乱的问题。进一步从我国资本市场监管体制的形成过程来看，1992 年以前资本市场的监管权主要由中国人民银行行使，1992 年 8 月国务院决定成立国务院证券管理委员会和中国证监会，至此证券交易业务的监督管理职能从中国人民银行分离出来。1998 年，分业监管体制的确立，使中国证券、保险监督管理委员会相继组建，商业性银行组织与其开展的证券、信托等经营业务逐步脱钩。1998 年 4 月，国务院证券管理委员会和中国证监会合并，正式成为直属国务院的中国证监会，并将其明确为全国证券期货交易市场的监督管理机构，上交所、深交所划归其直接领导，至此我国资本市场的监督管理体制架构基本形成。

2.2 我国资本市场监管制度变迁历程

伴随着改革开放以后中国经济体制改革的循序展开，我国资本市场经历了从无到有、从小到大的发展历程，与此对应的则是资本市场监管体系的逐步形成，最初资本市场萌芽阶段的监管缺位，到 20 世纪 90 年代后资本市场发育阶段的监管架构初显，再到多层次资本市场格局形成后的监管体系建立，我国资本市场监管体系的形成阶段与我国由计划经济向市场经济转轨的发展过程是一脉相承的。表 2-1 绘制了我国资本市场的新股发行制度、发行定价制度、再融资制度在几个重要时间阶段的演进状况（张军等，2014），结合这几项重要监管制度的变迁史，本节重点从资本市场发展状况、监管制度演进状况、阶段性特征三个方面梳理了我国资本市场监管制度的变迁历程，以为后续章节的制度变迁和成效分析提供背景参考。

表 2-1　重要时间阶段我国资本市场监管制度演进状况

	萌芽阶段 （1978~1992 年）	发育阶段 （1992~1998 年）	成熟阶段 （1999 年至今）
新股发行制度	1992 年之前采用内部认购、新股认购证认购	1993 年与银行储蓄存款挂钩；1996 年采用全额预缴款按比例配售模式	1999 年对一般投资者上网发行；2001 年采用上网竞价方式；2002 年按市值配售新股；2006 年至今采用 IPO 询价和网上定价相结合方式
发行定价制度	20 世纪 80 年代至 90 年代初主要处于按面值发售阶段，股票价格较低，且依托行政谈判进行	由中国证监会规定新股发行定价等于每股净收益与市盈率之积这一固定公式统一定价	市场化定价改革启动，相继出现了由承销商和发行公司协商确定上市价格、向二级市场配售以及向法人配售等定价方式
再融资制度	主要集中在配股领域	中国证监会对上市公司配股融资的会计业绩指标处于调整过程中，从 1993 年要求连续两年盈利到 1994 年要求近两年平均 ROE 达到 10%，到 1996 年要求连续三年每年 ROE 达到 10%	证监会针对配股融资的会计业绩指标继续处于调整中，从 1999 年要求最近三年 ROE 平均保持在 10% 以上且每年不低于 6%，到 2001 年要求加权平均净资产收益率不低于 6%，再到 2006 年要求最近三个会计年度连续盈利，旨在遏制上市公司利用非经常性损益进行利益操纵行为。2008 年《关于修改上市公司现金分红若干规定的决定》进一步明确了上市公司现金分工政策

资料来源：根据张军等（2014）整理而成。

2.2.1　我国资本市场监管制度的萌芽阶段（1978~1992 年）

（1）资本市场发展状况。

自 1978 年改革开放成为中国社会发展的主旋律以来，经济建设亟待筹措大量资金，国债、企业债、股票等概念的提出也日渐唤醒了社会民众的投资意识。为化解基础设施建设领域的财政支出困境，中华人民共和国财政部于 1981 年开始连续 5 年发行了总计 237 亿元左右的国库券。随后的 1986 年，内地第一家证券柜台交易市场中介机构——中国工商银行上海信托投资公司静安证券业务部成立，开始代理转让股票业务，至此柜台交易模式的企业债券、股票市场开始萌芽。与此同时，中国人民银行于 1988 年批准在部分地区试点成立融资公司，并宣布逐步放开国库券交易市场，债券交易种类得到进一步丰富。到 20 世纪 90 年代初，上交所和深交所相继成立，尽管起初市场交易规模较小（截至 1992 年年底仅有 53 家上市公司，投资开户数 217 万户，股票成交额 681 亿元，总市值 1048 亿元），但这标志着集中交易市场的开端（杨勇平，2009）。同期各大银行也相继成立了信托投资部门开展证券交易业务，并逐步从证券交易部门分离成立了专门的证券公司，如中国建设银行牵头组建的国泰证券有限公司，中国农业银行牵头筹建的南方证券有限公司，中国工商银行牵头筹建的华夏证券有限公司。与此同时，一部分留学归国学者成立了中国证券市场研究设计中心，该组织直接参与了上交所、深交所的设计规划工作，还开发了以机构交易商、国库券流通交易为核心模块的全国证券交易自动报价系统。

（2）监管制度演进状况。

本阶段我国资本市场实际上更呈现出区域性市场的特征，针对资本市场的监管并未形成集中统一的管理体系，而是一种多主体、分权化的管理方式，从操作层面来看主要是以中国人民银行监管为主，根据证券产品种类分工监管的格局。具体而言本时期的资本市场监管可以更细化为两个阶段，第一个阶段是 1986 年以前，该阶段是我国从计划经济向市场经济转轨的初期，企业为缓解银行贷款资金不足的瓶颈，以非规则的自发形式发行少量债券和股份，此时的资本市场尚未建立起系统的规则体系，没有正规的证券产品交易流通场所，更无专业的中介组织，资本市场处于一种自我演进、缺乏规范监管的诱致性制度萌芽阶段。第二个阶段是 1986 年以后，企业股份制改造逐渐在全国范围内推广，"自主投资、独立经营、自负盈亏、政企分开"成为国有企业改革的重点方向，企业发展对于资金的需求空前高涨，而同阶段不仅政府的财政赤字需要向银行投资来缓解，企业资金融通的主要渠道也来自银行，这导致银行间接融资渠道承受巨大压力，不可避免地导致政府和企业合力迫使企业超发信贷，其后果不仅是货币超发所引发的通货膨胀，也使银行自身的坏账率明显增加。上述现实背景也催生了直接融资渠道的发育，直接融资活动作为缓解银行信贷压力、缓解银行流动性风险的重要手段，逐渐从民间金融创新转变为全社会的制度需求，计划经济时代的行政调控制度均衡也被打破，通过构建资本市场新型制度来产生规模经济、节约交易成本、实现外部效应的诉求变得愈发强烈。

本时期的资本市场在制度建设和监管机制设计方面的多主体主要体现在证券产品业务管理的分头管理上。1986 年 1 月《银行管理暂行条例》将中国人民银行明确为证券市场的主管机构，负责全国企业债券、金融产品的发行管理以及交易监督。财政部主要负责国债发行以及国债交易市场的监督管理。1988 年以后国家计划委员会开始介入企业债券发行额度的监督管理工作。1990 年以后，国家经济体制改革委员会开始负责股份制试点企业的报批管理工作。1991 年由中国人民银行牵头，会同国家计委、国家体改委、财政部、经贸部、国资局、外管局等部门建立了股票市场办公会议制度，重点负责协调领导针对资本市场的监管工作。1992 年，成立的中国人民银行证券管理办公室是最早对证券市场实行统一监督管理的职能部门，同年国务院牵头设立了证券管理办公室会议制度，但在实际运作过程中资本市场的分头管理特征依然占据主流。

本时期的资本市场在制度建设和监管机制设计方面的分权化主要体现在资本市场监督框架的分权性和非集中性上。由于本阶段全国性的统一资本市场尚未形成，上交所、深交所的上市公司主要以本地为主，这一时期的资本市场的监督管理以地方政府为主、中国人民银行及其地方分行参与的形式展开，并无集权化的中央层面监管机构深度介入。上海市政府、深圳市政府制定完善了股票市场的具体运作制度，颁布实施了规范本地资本市场发展的地方性法规，如1991 年 11 月上海市政府颁布的《上海市证券交易管理办法》、中国人民银行、上海市政府联合颁布的《上海市人民币特种股票管理办法》，还有中国人民银行上海分行颁布的《关于发行股票的暂行管理办法》、中国人民银行深圳分行颁布的《深圳市股票发行与交易管理暂行规定》等。这一时期是我国资本市场发展的起步阶段和资本市场改革的探索阶段，在监管制度层面逐步形成了以地方政府为主导、充分调动地方资本市场改革积极性的行政分权模式。

（3）突出的阶段性特征。

总体来看，从 1978 年改革开放大幕拉起到 1992 年邓小平同志的"南方谈话"之前，尽管股票、债券等字眼逐渐出现在经济社会生活中，但由于一直存在股份制姓"资"还是姓"社"的争议，资本市场的发育尚处在萌芽阶段，全国性的统一资本市场并未完全形成，针对资本市场的监管制度设计也处在准备期。但不可否认的是，随着上交所、深交所的陆续组建，中国的资本市场发展已从民间层面的非正式制度安排逐步演化为以地方政府为主导的正式制度安排。国库券等经常性交易品种的出现以及与之相伴的各类专业经营机构的建立成为中国资本市场制度化建设的重要推动力量，具有投资诉求和投资愿望的企业、居民、地方政府、证券经营机构成为中国资本市场制度变迁的"先驱行动者"。诺斯的制度变迁理论指出，尽管初期形成的"先驱行动者"具有不同的利益诉求，分属于不同的利益主体，但他们对于制度收益的追求方向是一致的，也会尽可能助推制度变迁的实现，此时制度变迁的"第二行动集团"便会应运而生。"第二行动集团"的出现正是进一步统一行动规则、降低制度变迁成本的需要，在中国资本市场监管制度设计的具体实践中，"第二行动集团"主要表现为相对独立的市场监管机构即行业自律组织等，由其制定各方公认的制度规则来协调不同市场参与主体的利益诉求，通过一致的行动推动建立一个制度完善、规则一致的全国性资本市场，实现资本市场监管制度设计的优化。整体上来看，本阶段中国资本市场监管框架中政府职能部门和行业自律组织的若干要素已然显现，但监管制度体系建设尚处在探索的萌芽阶段。正是由于统一监管体系的缺失，资本市场中出现了监督管理难以适应市场快速发展的现实情况，以 1992 年深交所出现的"8·10 事件"为标志，政府层面开始意识到设立全国性专门机构监管资本市场的重要性。

2.2.2　我国资本市场监管制度的发育阶段（1992~1998 年）

（1）资本市场发展状况。

1992 年邓小平同志"南方谈话"之后，对于股份制姓"资"还是姓"社"的争议大大消解，资本市场规模不断扩大，到 1999 年底我国上市公司数量已达到 949 家，总市值达到 2.65 万亿元，投资者证券开户数达到 4481 万户（杨勇平，2009）。政府层面对于资本市场发展投入了更多精力，在股票发行、公司上市方面国家逐步试行额度管理、指标管理和审批制，在流动市场建设方面开始整顿清理各地自发形成的证券交易市场，同时资本市场交易混乱的秩序也有所改观，在市场制度构建方面先后颁布了《中华人民共和国公司法》（以下简称《公司法》）和《中华人民共和国证券法》（以下简称《证券法》）等一批专业法律法规，初步形成了指导我国资本市场健康发展的法律框架。

（2）监管制度演进状况。

本阶段我国资本市场的监管体系开始从多头监管向统一监管过渡。1992年 10 月，国务院成立了证券管理委员会和其执行机构中国证监会，中国证监会的成立也标志着我国资本市场监管体系及运行机制开始走向集中统一。中国证监会成立后出台了一系列涉及证券、期货交易市场的规章制度，使我国资本市场的法规体系初步形成。这一时期我国证券市场开始由上海、深圳推广到全国，资本市场交易规模的快速扩大也不可避免地引发了诸多新问题，尤其是资本市场各参与主体的利益冲突开始显现并日趋尖锐，企业一方希望借助公开上市和配股以实现资金融通，券商一方则存在通过操纵市场来获取暴利的冲动，投资者一方在期待股价持续上涨的同时也希望能够保障自身财产利益，交易所一方只关注资本市场交易量的快速增加，地方政府更希望本地企业多上市以促进 GDP 增长。在各参与主体的利益诉求日渐强烈的背景下，资本市场成为各方逐利的关键场所，加之资本市场法律法规体系和监管体系尚不成熟，证券管理政出多门，投资者风险意识淡薄，部分地方政府在推进股份制改革方面存在一哄而上的现象，资本市场的无序发展成为经济社会的潜在风险源，1992年，深圳百万投资者抢购新股抽签表的"8·10事件"风波，使政府意识到资本市场的宏观集中管理迫在眉睫。

为保障我国资本市场的平稳健康发展，国务院于1992年12月颁发了《关于进一步加强证券市场宏观管理的通知》，作为我国第一个关于证券市场发展与管理的纲领性指导文件，其标志着我国资本市场监管进入了制度规范化轨道。随后，1993年4月颁布的《股票发行与交易管理暂行条例》，明确了以证券委员会作为对全国证券市场进行统一宏观管理的主管机构、证监会作为具体监管执行机构、国务院各部委及地方政府共同参与的资本市场监管体制（张筱，2015）。国务院证券委员会（以下简称证券委员会）由包括中国人民银行在内的14个部委的负责人组成，是资本市场监管政策制定的决策机构，采取委员制和例会办公形式开展工作。中国证监会是证券委员会的执行机构，其在证券委员会的领导下，依照法律法规对参与证券发行交易的券商、交易所、上市公司、会计事务所、律师事务所等进行监督管理。在明确了中央层面监管机构的同时，国务院根据资本市场交易产品的性质和归口，将部分监督管理权力划分给国务院各部委及地方政府主管部门，如中国人民银行负责审批和归口管理相应的证券机构并向证券委员会备案；财政部负责国债发行事宜，并对会计事务所涉足的与证券业务相关的会计事务资格进行归口管理；国家计划委员会根据证券委员会的计划规模编制证券发行计划草案；国家体制改革委员会负责制定股份制改革法规并协调好相关试点工作；中央企业的股份制改造试点由国家体制改革委员会会同企业主管部门审批，地方企业的股份制改造试点由省级或计划单列市级授权部门会同企业主管部门审批。需要特别指出的是，上交所、深交所的业务活动由当地政府归口管理并由中国证监会监督实施。与此同时在资本市场的自律监管方面，由于上交所和深交所的业务范围、上市品种、准入标准等相对一致，它们之间的业务竞争格局以及所属地方政府的深度介入，都使得证券交易所在扩大资本市场交易规模的同时也有淡化自律监管的倾向。总体而言，这一时期国务院证券委和中国证监会的成立在一定程度上反映出我国资本市场开始走向集中统一监管的轨道，但同时政府层面又赋予了中国人民银行、财政部等部委归口管理证券业务的权力，地方政府也相继成立了证券管理办公室以负责本地公司的上市培育，这种多头管理、分权负责的模式显然无法适应资本市场的高速发展现实，1997年国务院对我国证券管理体制进行系统改革，并于1998年4月撤销证券委员会，将其职能划归中国证监会，同时将地方政府证券监管机构职权上收至中国证监会统一领导，至此集中统一的资本市场监管体制初步形成。

（3）突出的阶段性特征。

随着资本市场从早期的区域性市场逐步转变为全国性统一市场，资本市场的监管体制也发生了重大变化，这一时期我国资本市场监管制度的突出特征便在于确立了专业性、独立性的证券市场监管部门，告别了以往依靠中国人民银行或财政部实现监管的模式。但需要清醒地看到，本阶段依然有十余个政府部门较为深度地介入了资本市场的管理和决策工作，证券委员会的主管部门角色定位并不明显，反而更像是业务协调机构，证券市场多头监管的格局并未彻底打破。尤其是中国证监会尚未设立地方分支机构，地方政府部门拥有了企业上市审批的实际权力，地方证券管理部门代表地方政府意志对本地证券市场进行具体监管，这些都在一定程度上削弱了中国证监会集中统一行使资本市场监督管理的权威性。尽管如此，本阶段的资本市场监管机制和监管能力建设仍呈现出由地方政府主导向中央政府主导的转变，尤其是针对资本市场高速扩张过程中所产生的无序发展乱象，中央政府依靠强有力的规则制约，采取"快刀斩乱麻"的方式迅速平息了由地方监管分权和市场参与主体不当竞争所导致的市场扭曲和市场动荡，通过完善资本市场监管法规制度逐渐积累了针对资本市场监管运作的各种应对能力，一步步助推统一的资本市场监管体系有序形成。

2.2.3 我国资本市场监管制度的成熟阶段（1999 年至今）

（1）资本市场发展状况。

这一阶段的资本市场发展基本上可以更细化为两个阶段，第一个阶段是资本市场稳步发展阶段（1999~2002 年），资本市场规模进一步扩大，截至 2002 年年末我国资本市场中拥有上市公司 1224 家，总市值达到 3.83 万亿元，投资者证券开户数达到 6842 万户，股票累计成交额达到 2.8 万亿元（杨勇平，2009）。与此相伴随的则是资本市场长期积累的结构性矛盾和制度性问题开始显现，集中反映为我国上市公司的整体质量不高，内幕交易、市场操纵现象比较突出，证券公司可持续性盈利机制并未形成。中国证监会针对资本市场违法乱象进行了集中整治，对通海高科、麦科特等一批上市公司的违规违法行为进行了立案稽查，对亿安科技、中科创业的股价操纵行为进行了查处。第二个阶段是资本市场的规范扩张阶段（2003 年至今），这一阶段政府层面致力于解决证券市场中长期存在的历史遗留问题，尤其是在丰富资本市场产品类型、构建多层次资本市场体系、强化证券期货机构监管等方面进行了系统性制度改革，资本市场于 2006 年开始发生转折性变化。截至 2019 年 1 月，沪深股市总市值达到 45.4 万亿元，上市公司 3593 家，上市证券 20676 只，上市股票

3675 只 [①]。

（2）监管制度演进状况。

本阶段正处在我国经济运行转轨的关键时期，我国资本市场呈现出"新兴加转轨"的特征，资本市场各参与主体之间还没有完全建立起平等互利的商品契约关系，尤其是资本市场投资作为新兴事物，较多的投资主体往往只关注短期利益得失，在具体投资行为中也呈现出短视化，如何快速形成健康、有序、公平竞争的资本市场秩序，使各经济主体之间建立起平等互利的自由契约经济关系，是政府层面尤其是资本市场监管部门着重考虑的现实问题。1997 年爆发的亚洲金融危机成为中国政府对资本市场监管制度进行实质改革的一个重要契机，为防范系统性金融风险、提高资本市场监管效率、完善资本市场内在约束机制，中央政府层面于 1998 年 4 月出台了《中共中央、国务院关于深化金融改革、整顿金融秩序、防范金融风险的通知》以及《国务院关于机构设置的通知》，至此国务院证券委被撤销，它和中国人民银行的证券监管职能被统一移交给中国证监会，以往由中国证监会授权、地方政府行政直接管理的证券管理机构也变更为由中国证监会直接领导，各大证券交易所也由地方政府主要管理变更为中国证监会直接管理。1999 年 7 月，《中华人民共和国证券法》颁布实施，同期中国证监会在全国设立的 36 个派出机构正式挂牌，标志着集中统一的资本市场监管体系正式形成。随后又在上海、天津、深圳、成都等地成立了 9 个稽查局，公安部的证券犯罪侦查局也与中国证监会合署办公。2002 年增设了重点查处内幕交易和市场操作行为的专门监管机构。2004 年，中国证监会针对监管大区体制所导致的跨区监管难题，撤销了大区建制并按行政区划单位设立了地方监管局。同年国务院发布了《关于推进资本市场改革开放和稳定发展的若干意见》，在此意见的指导下我国资本市场陆续开展了上市公司清欠、股权分置改革、证券公司综合治理等一系列制度性改革，资本市场的基础性制度体系建设日趋成熟和稳固。2007 年，证券市场执法体制也因应资本市场发展需求出现变革，逐步形成了统一指挥的稽查体制。在此过程中，《证券法》经历了三次修正（2004 年、2013 年和 2014 年）和一次修订（2005 年），集中统一的资本市场监管模式得到巩固，中国证监会成为独立且唯一的证券市场监管机构，具有了大一统的广泛监管权力和监管职能，尽管诸如中国人民银行等国务院相关部委机构依然从业务出发，不同程度地介入资本市场运行管理，但独立、集中、统一的证券监管体制和具有权威性的证券监管部门已然成为资本市场有序运行的主导者。

---

① 资料来源：全球经济数据网，http://www.qqjjsj.com/show11a55122。

（3）突出的阶段性特征。

在资本市场的稳步发展阶段（1999~2002年），资本市场在我国国民经济中的重要地位得到进一步凸显，国家开始重视发挥资本市场在资源配置方面的关键作用，监管机构通过实施发审委公开制度改革等确保证券市场有序运行，集中统一的监管制度体系基本建立起来。在资本市场的规范壮大阶段（2003年至今），资本市场在我国国民经济中的核心地位得以全面确立，资本市场的构成要素和功能属性逐步得以完善，经济金融体制改革稳步进行，资本市场对我国经济社会发展的重要影响得到空前凸显。政府层面的监管机构通过推动资本市场的一系列基础性制度的改革重塑，基本消除了长期制约我国资本市场可持续发展的体制机制顽疾，资本市场稳定运行的监管制度和内生机制渐渐完善，其抵御风险的能力明显增强，在应对金融危机方面也具备了更为坚实的制度基础。总体而言，本阶段我国资本市场制度设计及变迁的突出特征体现在以下三个方面：

一是我国资本市场监管制度体系基本形成，涉及资本市场监管的法律法规体系更加规范和完善。我国于1997年7月正式颁布和实施了《证券法》，资本市场监督管理有了明确统一的法律规范，这一时期中国证监会大力开展针对资本市场违法行为的清查惩处工作，资本市场投资环境得到极大改观，然而该部法律将证券上市、衍生品开发等业务事项均置于严格的行政管制下，导致资本市场的内在创新动力不足，投资主体参与资本市场投资的积极性大为降低，资本市场监管制度的实施成效并不明显。从2003年开始全国人民代表大会陆续对《证券法》《公司法》等相关法律法规进行修订，旨在完善上市公司治理结构，健全投资者合法权益保护机制，较为明确地划定了上司公司实际控制人、董事、监事、高管等的责任和法律义务，对上市公司的财会制度、融资制度、并购清算制度等进行了分类细化。此外，修订后的《证券法》的一个突出特征就是扩大了法律调整范围，在分业监管的基本思路下逐步放开了对银行业、证券业、保险业和信托业互相融合的限制，为构建多层次资本市场体系打下了良好基础，完善了上市公司证券发行、交易、结算的监管制度，建立了发行公司保荐制度并规定了资本市场禁入情形，证券市场发行审核透明度明显提高。伴随着《证券法》和《公司法》适用范围的调整，与其关联的其他法律法规也相应做了调整，如中国证监会相继颁布和实施了《上市公司治理准则》《上市公司股东大会规则》《证券公司董事、监事和高级管理人员任职资格监管办法》等一系列规章制度，从而与《证券法》和《公司法》形成补充和映照。新修订后的《中华人民共和国破产法》出于保护投资者合法权益的考虑，明确规范了资本市场经营主体的破产行为和相关程序。《刑法修正案》第六部分也进一步明确了证券期货经营主体、上市公司违法经营行为的刑事责任并加大了惩罚力度。这些法律法规的制定、完善和配套实施对推动我国资本市场监管法制化、规范化具有重要意义。

二是借助证券公司综合治理行动，不仅净化了我国资本中介市场环境，也推动了行业中介组织业务规章制度的完善。2003~2004 年，"德隆系""闽发"等证券公司经营过程中积累的潜在风险集中爆发，证券公司全行业客户交易结算资金缺口达到 640 亿元，挪用经纪客户 134 亿元，违规管理的资产达到 1853 亿元，超比例持股达到 99 只，账外经营达到 1050 亿元（秦洁，2010）。针对集中涌现的行业问题，中国证监会重新修订了规范类和创新类证券公司的审核标准，及时惩处了 31 家严重违规经营、存在高风险的证券公司，探索性设计了处于崩溃边缘和濒临破产证券公司的托管、重组、并购模式。2007 年，伴随着证券公司综合治理工作的扫尾，中国证监会也陆续建立和完善了客户交易结算第三方存款制度、证券公司财务信息披露制度、以净资本为核心的风险预警监管制度、证券资产管理业务制度、证券公司高管股东监管制度等一系列配套制度，同时组建了中国证券投资者保护基金有限责任公司，主要负责破产、倒闭的证券公司的托管经营和临时监管工作。此外，我国股票市场也进行了包括提高上市公司治理强度、改革证券发行制度、大力发展机构投资者在内的系列改革。至此我国证券公司运营与监管的制度体系基本成熟。

三是通过股权分置改革基本确保了证券市场供求关系和定价机制的真实性，投资者利益保护机制更加完善。资本市场形成初期我国的证券市场上呈现出国家股、法人股、公众股、外资股并存的局面，股权分置的原因就在于企业股份制改造启动阶段各方对于股份制的认识存在差异，对于证券市场功能的定位也明显不同，为了保证企业股份制改造能够如期推动，政府实施了对国有股和多数法人股暂不上市流通的政策，仅支持占比较小的个人股上市，这也导致公司内部拥有流通股和非流通股两类股份，持股成本的差异也导致不同类型股东之间的红利分配存在严重失调现象。随着资本市场规模扩张以及企业资金融通需求的日益膨胀，股权分置使得资本市场无法发挥融资功能，甚至成为阻碍资本市场健康有序运行的因素。针对这一问题，中国证监会于 2005 年颁布了《关于上市公司股权分置改革试点有关问题的通知》和《上市公司股权分置改革管理办法》，资本市场的股权分置改革正式启动，其目的就在于化解流通股股东和非流通股股东之间的利益冲突，从制度设计上消除 A 股流通转让过程中的差异。股权分置改革的顺利推行理顺了国有股、法人股、流通股之间的利益分置和价格区别问题，资本市场的定价机制得以逐步理顺。

纵观我国资本市场监管制度的变革历程，我国最终确立了集中统一型的资本市场监管体制，在体制完善的过程中也呈现出鲜明的制度变迁特征，由资本市场萌芽阶段的多头管理、分散监管到资本市场基本成熟阶段的集中控制、统一监管，始终是由政府层面的正式制度安排作为协调资本市场各参与主体利益诉求的核心途径，资本市场监管制度的变迁历程也正回应了资本市场各阶段有序运行的突出诉求。

2.3 我国资本市场监管制度变迁评价

我国资本市场监管制度的变迁史深刻映照了资本市场发展的每个重要阶段，也反映出我国资本市场监管制度从功能定位、利益导向、执行方式等方面都发生了重大变化，本节从资本市场监管制度的功能定位重塑、资本市场监管制度的投资者保护导向、资本市场监管制度的预防性和适度性等方面对我国资本市场监管制度的变迁过程进行系统分析。

2.3.1 资本市场监管制度的功能定位再塑造

中国资本市场作为改革开放的产物，采取的是自上而下，先设立实体、后赋予生命的发展模式，属于强制性制度变迁。中国资本市场的设立初衷和功能定位即是为国有企业改革发展筹集资金，其资源配置和投资功能则相对被弱化，与此相对应的资本市场监管制度也更倾向于为国有企业保驾护航，而且中国资本市场自上而下的政府主导特征与计划经济元素，也使得政府承担了扶持、培育、监管资本市场有序健康发展等多重职能。然而随着资本市场发育程度的不断提高，资本市场参与主体类型也日趋多元化，投资者之间的利益冲突也更为明显，资本市场监管制度设计也正试图摆脱原来重点为国有企业发展提供援助的模式，更加注重所有合法市场参与主体的利益平衡。在具体证券市场的监管过程中，政府层面也更加重视规范自身的行政干预行为，其作为引导、补充而不是取代市场机制发挥监管作用的功能定位也更加明确，资本市场监管制度的相对独立性和权威性得到一定提升。

2.3.2 资本市场监管制度的投资者保护导向

资本市场监管很难做到让所有投资参与者都能够获利，但保护投资者的合法权益、维持公平竞争的市场环境则是资本市场监管制度设计的初衷。在新兴加转轨的中国资本市场中，服务国有企业改革、为国企脱困筹集资金是资本市场的重点工作，由此导致的则是资本市场的筹集功能被放大而投资功能相对弱化。事实情况是，投资和融资很难分离开来，投资是融资得以实现的前提条件，没有投资也就无法形成资本市场。公司上市后其股票成为资本市场交易的产品，购买股票者就是投资者，没有投资者股票也无从交易，市场融资、资本配置功能也就无从谈起，因此对于投资者利益的保护显然是资本市场得以存续和发展的重要前提条件。投资者利益保护关系到该群体对于资本市场的信心，信息经济学理论认为，资本市场中的投资者在选择证券、股票等投资产品时，由于对上市公司的经营信息并不完全了解，存在信息不对称问题，可能导致投资者的"逆向选择"行为，即经营业绩良好的公司股票并不被投资者看好和认购。同时，信息的不对称还可能致使金融产品的提供者出现道德风险，即通过发布虚假信息来诱导投资者认购资质不合规的股票及证券产品。在这样的市场环境下投资者很快会对资本市场失去信心，资本市场赖以存续的基础也将被动摇。而从上市公司内部来看，尽管上市公司的所有投资者的利益导向趋于一致，但公司内部的大股东和小股东所处的地位完全不同，尤其是大股东与经营者往往同在"内部人"利益集团中，存在通过实施"内部人控制"共同对抗小股东的动机，对于这一弱势群体的投资者利益保护也日渐引起监管制度层面的关注。从中国资本市场监管制度的变迁历程来看，政府在制度设计导向上也更加重视对所有资本市场投资参与主体的利益保护，尤其是试图重点做好中小投资者的合法利益维护工作，确保资本市场公平有序竞争环境的发育和形成。

2.3.3　资本市场监管制度的预防性和适度性

在资本市场的监管实践中，法律设计很难达到完备和最优状态，法律法规对于违规违法行为通常面临"阻吓不足"和"阻吓过度"的两难，此时需要借助政府监管来弥补法律法规不完备的缺陷。资本市场作为现在市场经济体系中参与主体广泛、利益诉求多元、运行机制复杂的市场类型，其对立法机关和监管执法机构的专业能力、经验的要求是非常高的。长期以来，我国资本市场监管制度的被动性也导致这种事后执法模式对违规违法行为的查处力度和惩罚成本都明显不足，尤其是当资本市场参与主体的经营风险对整个市场的健康有序发展产生系统性危害时，被动应急性监管虽然可以降低不利事件、违规行为的不良后果，但已经造成的经济社会损失很难弥补，因此预防性监管成为我国资本市场监管制度设计的一种取向。预防性监管制度设计一方面表现为制度层面具备由明确宗旨和行动细则所组成的纲领性监管框架，且体现出资本市场监管制度设计的前瞻性；另一方面表现为监管制度设计重在突出对资本市场违法违规行为的事前警示而非事后惩罚。资本市场监管制度的适度性要求主要是考虑到公共选择理论中的"政府失灵"问题，政府层面对于资本市场的监管必须做到有所为有所不为，将监管实践限定在能够产生正向收益的范围内。当前，我国资本市场监管制度设计重点是将重心放在"创造公开、公平、公正的市场竞争环境、维护资本市场平稳有序运行"等基本目标上，重点是防范金融市场可能发生的系统性金融风险，旨在从制度层面保证市场参与主体并无倒逼监管部门出台调控指数的政策预期，符合资本市场健康有序发展的主流诉求和导向。

2.3.4 资本市场监管制度变迁的评价与反思

20 世纪 90 年代以来，我国一步步强化了对资本市场的监管力度，相关法律法规等制度体系逐渐形成，尤其是先后颁布实施了《中国人民银行法》、《证券法》、《投资基金管理条例》、《股票发行与交易管理条例》、《中华人民共和国信托法》（以下简称《信托法》)、《中华人民共和国票据法》（以下简称《票据法》)、《中华人民共和国保险法》（以下简称《保险法》)、《中华人民共和国商业银行法》（以下简称《商业银行法》）等一系列资本市场法律法规，以上述法律法规作为基本制度框架，辅之国务院行政条例及地方监管规章制度，构成了具有中国特色的资本市场监管制度体系（鲁敏，2017）。从我国资本市场监管制度三个关键阶段的演变历程可以发现，在资本市场监管制度的萌芽阶段（1978~1992 年)，资本市场存在的合法性基础和核心目标是探索建立中国特色的现代市场经济体系，通过推进国有企业股份制改造来推动金融体制以及社会经济改革。然而意识从形态上的左右争议以及政治安全方面的考量，使得股份制改造和企业上市实验往往限于部分规模、业绩、行业地位、竞争力方面并不具备代表性的企业机构，资本市场的监管制度建设也奉行地方政府主导、调动地方政府改革积极性的行政分权模式，通常滞后于资本市场发展实际，此时资本市场监管制度体系尚未形成。在资本市场监管制度的发育阶段（1992~1998 年)，我国资本市场的调控能力建设和制度设计导向出现了由地方政府主导向中央政府主导的转变过程，借助于中央政府特定的能力禀赋实现了资本市场监管权力的快速上收和渐进下放，稳步推进全国性统一的资本市场法治秩序构建，并完善一系列配套的市场机制和制度体系，在资本市场调控实践中逐步积累了应对金融风险的能力，政府力量也逐渐从微观的市场领域渐渐淡出。在资本市场监管制度的成熟阶段（1999 年至今)，我国资本市场监管的机构设置、执法稽查体制和行政隶属建制均发生了重大改革，与之配套的法律法规及规章制度均进行了与之相适应的调整和修正，这一时期的监管制度体系凸显出集中性和独立性的显著特征，明确了我国实行集中统一的资本市场监管模式。总体而言，我国资本市场的成长伴随着监管制度体系的不断完善，其为规范资本市场主体行为、化解资本市场参与主体的利益冲突、消除资本市场运行隐患提供了坚实的制度支撑。当然，我国资本市场监管制度体系在实践过程中也面临着监管适用难题和制度导向困境，其主要体现在以下两个方面：

一方面，1995 年出台的《中国人民银行法》作为确保我国资本市场平稳有序运行的重要法律依据，其规定了中国人民银行具备货币管理、金融市场监督、金融机构管理等多方面职能，其对资本市场的监督管理权限主要依据国务院颁发的《金融监督管理条例》。如果从立法层面来看，中国人民银行在整个金融监管体系中具有较强的独立性和权威性，但在监管实践中具体的监管主体往往具有一定的模糊性，也造成了监管权责的游离性。当然随后的《商业银行法》《外资监管条例》《保险法》等一系列法律法规进一步凸显了中国人民银行在资本市场监管中的重要地位，为其开展相应的监管工作提供了配套法律法规支持，也体现出我国资本市场监管立法体系逐步走向成熟。但不可否认的是，中国人民银行的配套监管细则制定和制度设计在一定程度上仍然落后于资本市场发展实际，这也限制了其监管职能的有效发挥，比如，《中国人民银行法》为中国人民银行行使对资本市场的监管提供了母法支持，但其法律条文过于原则化，操作层面存在适用瓶颈；《商业银行法》尽管规定了商业银行内部运行的法律依据，但无法就央行对商业银行的业务监管提供细则支持；《证券法》《股票发行与交易管理条例》等明确规定了中国证监会对证券资本市场行使监管职能，但中国证监会作为授权性的监管主体而非职权性的监管主体，在实际监管过程中还可能会受诸多行政因素的干预；《外汇管理条例》尽管区分了中国人民银行和国家监管部门在外汇市场中的监管分工，但在外汇市场的风险预警、风险处置、风险善后等方面的制度规定仍具有一定的模糊性。

另一方面，我国资本市场建设启动之时，计划经济体制下的行政惯性依然比较强烈，我国资本市场也出现了具有中国特色的行政化监管思路。全能政府的角色也使监管机构承担了多重责任，不仅要为国有企业脱困提供资金支持，通过放宽市场化准入标准以帮助企业通过股票市场筹集发展资金，还要时刻关注资本市场运行秩序、保障投资者合法利益、维护社会稳定。显然，这两方面的监管责任是存在一定价值冲突的，这必然导致监管机构在设定监管标准、执行监管政策等方面陷于两难的境地，这也使得我国资本市场监管制度设计和实施过程需要把握好行政手段与市场化机制之间的尺度。譬如《证券法》在起初实施时规定"上市公司的股票发行采取溢价发行模式,股票发行价格由发行主体和承销证券公司协商确定并报国务院证券监管机构核准",然而过度市场化所导致的一级市场高市盈率,使得新股发行定价被错估,严重影响了投资主体的利益,因此 2001 年中国证监会恢复了核定新股发行市盈率制度。同时还有一点需要关注的是,我国资本市场建立之初即是为国有企业股份制改造和国有企业发展资金筹集服务,资本市场监管制度体系的构建也延续了这一初衷目标,尽管随着多层次资本市场体系的逐步成熟,资本市场监管制度在服务投资主体的类型、范围、深度等方面都有明显进步,但目前对民营企业的投资利益保护还有进一步提升的空间。

我国民营企业在资本市场中的发展历程大致可以分为以下三个阶段:第一阶段是起步阶段,时间范围大致为 1992~1996 年,1992 年我国第一家民营企业"深化源"进入证券市场,开启了民营企业上市的先河,随后 1993 年福耀玻璃也在上交所正式上市,但总体来看这一时期受所有制争议的影响,民营企业上市步伐相对缓慢。第二阶段是步入正轨阶段,时间范围大致为 1997~1998 年,这一时期中国证监会颁发了《关于做好股票发行工作的通知》,尽管文件明确指出 1997 年的股票发行将重点支持具有较大规模、处于行业领先、关系国民经济命脉的国有大中型企业,但其在股票发行程序、定价管理等方面形成了比较全面的制度遵循,同期民营企业"新希望集团"等也完成了股份制改造并顺利上市,并带动了一批民营企业纷纷开始了上市之路。第三阶段是自 1999 年以来的高速增长阶段,这一阶段民营企业的直接上市和借壳上市达到了高峰,2000 年"民生银行"作为首家主要由民营公司入股的股份制商业银行正式上市更成为标志性事件,2001 年"天通股份"成为第一家主要由自然人发起并控股的 A 股公司(上海证券交易所研究中心,2005)。然而,直至目前民营上市企业的公司数量、融资规模、占比等与其在 GDP 中所占的比重还不是十分匹配,其根本原因在于我国资本市场在公司上市标准上比较看重企业资产规模、持续盈利能力等指标,使得国有企业在上市资格准入方面占据明显优势,而民营企业则相对困难。同时,正如前文所述,为保证国有股份在资本市场中控股地位和决定权,我国对国有股份流通问题长期采取了搁置做法,股权分置制度一方面大大缓解了国有企业上市所面临的思维阻碍问题及利益分配压力;另一方面也造成了资本市场中出现"不同股不同权不同价"的分割性市场结构,中小投资者的利益可能会被忽视。为此 2004 年国务院在《关于推进资本市场改革开放和稳定发展的若干意见》中明确提出,要妥善处理股权分置问题,中国证监会也随即启动了股权分置改革试点工作,与股权分置改革相配套的一系列资本市场监管制度改革也陆续推出,也引发了我国上市公司主要利益相关者的行为动机发生明显变化，尤其是控股股东的行为动机有重大转变。控股股东作为非流通股票的大股东，其所持有的股份变得可以在二级市场流通起来，与之相对应的市场收益函数也将被改写，其行为动机则由以前单方面转移上市公司资源变化为在卖出股份与获得掏空收益之间获取平衡。加之考虑到掏空风险较大、违规成本较高，控股股东更有可能选择在二级资本市场中买卖股票以获得资本收益，从而引导一部分上市公司的股东在股权分置改革的过程中能够进行整体上市、资本注入和资产置换。与上述改革过程相伴随的则是非流通股股份逐步转化为流通股股份，国有资产管理委员会也将对中央企业、国有企业采取市值考核机制，上市公司高管薪酬与公司市值规模挂钩，这就为我国资本市场的健康有序发展提供了制度激励。但也有研究认为，在这种股权分置改革过程中对于诸如民营企业在内的投资者利益的保护依然需要进一步加强。有学者提出在二级股权市场结构向全流通市场结构过渡期间，应高度重视调控大股东对于解禁股份的出售以保护投资者利益，尤其是在现行的资本市场制度背景下，上市公司内部人、投资者以及政府之间所建立起的双重代理关系，使得股份改革的对价方案对投资者利益补充不足而产生了流通股份的溢价，尤其是双重代理成本越高大股东出售解禁股份的动机越强，这实际上侵占了其他投资者在资本市场中的利益分红。如果能够实现确定上市公司股份改革的对价水平，则可能降低双重代理成本并弱化大股东出售解禁股份的意愿，也间接保护了所有资本市场参与主体的投资利益（许年行等，2007；贾明等，2009）。由此可见，如何在资本市场监管制度设计中尽可能地保障诸多民营企业能够依法、公平、合理享受到直接融资服务，依然是保障资本市场长期稳定发展的关键步骤。

2.4 我国资本市场监管制度完善思路

从资本市场规模和发展速度来看，我国资本市场已位居世界主要资本市场的前列，正朝着以市场化运行机制为基础、与国际资本市场有序衔接的资本市场建设方向在努力，党的十八届三中全会通过了《中共中央关于全面深化改革若干重大问题的决定》，明确指出健全多层次资本市场体系是完善现代市场体系的重要内容，也是助力我国经济实现转型升级的一项战略任务。国务院于2014年出台的《关于进一步促进资本市场健康发展的若干意见》则进一步提出要在2020年基本形成结构合理、功能完善、规范透明、稳健高效、开放包容的多层次资本市场体系，这些都对新时代我国资本市场监管制度建设提出了新的更高要求。为此，我国资本市场监管制度体系构建应更加注重运用市场化的手段，强化法律法规的导向作用，减少直接的行政干预，激发市场竞争活力，将制度设计重点放在构筑公平有序竞争的资本市场环境上，注重对中小投资者的利益保护（王伟，2008）。要实现这一目标，最为根本的是要理顺、协调好各类监管主体之间的角色定位，尤其是中国证监会必须要协调好其与中国人民银行、中国银行保险监督管理委员会（以下简称银保监会）等金融监管机构之间的权责划分和业务联系，突出中国证监会的核心监管主体地位。最终形成由中国证监会、交易中介组织和行业协会共同构成的、分工合理的资本市场监管调控架构：中国证监会重点负责资本市场的执法稽查和规章制度完善，交易中介机构负责监督上市公司信息披露的准确性和及时性，行业协会组织负责资本市场经营机构的自律监管规则制定。当然，中国资本市场监管的总体理念也应有所转变，核准制的准入模式使上市公司存在进行会计作假欺诈上市的动机，这也导致资本市场上的公司上市存在逆向选择现象，诚信公司反而无法凭借正常程序上市，市场化机制的筛选作用便不可能有效发挥，反而会刺激旨在上市圈钱的公司通过不正当手段来违规上市。因此，若想有效发挥我国资本市场在资源配置中的关键作用，应推动资本市场由核准制向登记制的转变，中国证监会的全面审查监管形式也应向形式审查为主转变，而这种资本市场监管制度的完善思路需要从构建资本市场风险监管预警体系、建立健全资本市场信息披露制度、强化基金管理者监管与激励制度、完善行政审裁和司法协作制度等方面着手。

2.4.1　构建资本市场风险监管预警体系

时至今日，我国资本市场监管机构已然意识到构建资本市场风险监管预警体系的重要性，也已经着手策划针对资本市场潜在风险的监管识别方案并组建相应的资本市场风险监管应急小组。然而，能够全面覆盖各层级资本市场的风险监管预警体系尚未形成，尤其是资本市场风险监管识别方案和流程重点是针对证券机构来制定的，其监管范围也主要限于微观审慎指标，实际上微观审慎指标只能反映出资本市场的一部分风险，而资本市场危机的爆发往往是多种贡献因素共同作用的结果，唯有全面系统地识别资本市场中的多种风险源并对其风险程度进行指标量化，才能确保监管层面能够对资本市场危机做出准确预测和有效干预。一般而言，资本市场危机的显现之前往往会有一个前置爆发期，时间节点一般是在两年以内，此时可能引发金融危机的一些潜在风险因素已有先兆，虽然监管层面无法搜罗全部可能影响资本市场危机形成的风险因素，但依然可以遴选出一部分重要的经济金融指标作为风险程度度量的依据。之所以能够这样来处理，原因就在于资本市场危机实际上是经济体发展过程中的一种周期性现象，其与实体经济、虚拟经济及其相伴随的多项资本指标都存在或多或少的联系，通过对这些相关联的经济金融指标进行动态跟踪监测，可为资本市场风险量化提供丰富的实证数据。一些研究也证实，诸如实际利率、资产负债率、资本充足率等资本市场危机预测指标的前置期可达到1~1.5年，如果能够根据前置爆发期对各主要经济金融指标的波动情况进行搜集、分析和研判，即可在危机爆发之前就出台针对资本市场健康稳定发展的系列应对方案，就可以在很大程度上延迟甚至避免资本市场危机所导致的系统性金融风险。由上述分析可以得出，构建完备高效的资本市场风险监管预警体系是资本市场监管制度完善的一个重要思路。

在对资本市场危机预警对象进行框定后即可系统构建资本市场风险预警监管体系的内在构成指标，具体来看主要包括宏观预警指标、微观预警指标和市场预警指标，每个维度指标下都需要进一步设置与危机发生紧密相关的细化指标，宏观预警指标主要从影响经济发展的宏观经济指标中选取，微观预警指标主要从资本市场中的个体投资人视角选择相关指标，市场预警指标则重点关注资本市场中的交易量、交易频率等指标。这些细化测量指标实际上也代表了引发资本市场危机的不同风险源或风险类型，诸如有反映风险程度随指标变动而呈现上升或下降的趋势性风险，也有区间性风险，即风险因素可能在一定时间和区域范围内并不构成危机事件，但随着风险因素与稳态时间和区域的差距越来越明显，风险程度也会随之上升。此外，国际社会通常还会对资本市场的危机发生设置一定的预警线，这些判定标准是发达资本主义国家结合本国经济发展阶段和资本市场发育情况一步步探索修正的，对我国资本市场风险预警标准的设置具有重要的参考价值，应积极吸纳其合理部分并结合我国资本市场发展实际进行预警标准的制定和完善。还有一点需要注意，资本市场风险监管预警体系中虽然会设置一定的风险警戒线，但也会预留一部分风险缓冲空间和风险可承受空间，因而并不意味着只要超出警戒线就必然会引发资本市场危机，这也要求监管部门需在资本市场的监管实践中结合本国资本市场发育程度、具体风险类型、资本动员能力等因素，灵活、合理使用风险预警工具，确保资本市场风险监管预警体系发挥实效。

2.4.2　建立健全资本市场信息披露制度

信息披露是资本市场功能发挥的基础条件，有助于提高资本市场的资源配置效率。资本市场的投资者只有充分了解和认知上市公司信息方能够确保其选择合适的投资产品,从而保证资金能够融通到可以实现资本增值的领域,也有助于扭转目前只重视短期投资收益而忽视长期投资红利的投资倾向。如果没有及时准确的信息披露,资本市场就可能沦为个别投资者上市圈钱、依靠内幕信息篡取非法收益的场所,从而严重打击投资者在资本市场中的投资信心,减少资本市场资金来源,长此以往就可能导致资本市场的萎缩。因此,建立健全资本市场信息披露制度并付诸实施,扩大信息披露范围,强化信息披露程度,增加资本市场信息公开的可信度和可复查性,将为监管机构的资本市场监管行动提供真实可靠的信息依据,更利于消除资本市场中的信息不对称,杜绝市场操纵和内幕交易现象,引导投资者能够做出最有利于自身权益的投资选择(吴晓求,2011)。资本市场信息披露制度的健全和完善,应从公开上市公司季度报告、半年度报告、年度报告扩大到公开上市公司实际控制人、股东构成情况等,不断提升信息披露的技术水平(吴晓求,2012),通过完善专业立法方式加大对上市公司不实信息披露的惩罚力度,综合运用行政处罚和民事诉讼等机制提高上市公司虚假信息披露的机会成本,并敦促形成公众信息质疑的有效回应机制,从制度上打击个别上市公司进行虚假信息披露的行为。

具体来看应从以下五个方面着手。一是要从机制设计上确保资本市场信息披露机制的及时性和充分性。一方面要做好公司内部的盈利分析报告及盈利规划,除了要求上市公司必须将自身盈利状况体现在季度报告和年度报告中外,还必须为公司董事会和股东大会提供信息披露的具体范围及标准,尤其是要如实详细公开公司收支状况及未来盈利规划等;另一方面必须要做好上市公司的关联信息披露,上市公司的年度报告及招股说明书中应全面公开公司近几年的重大财务关联事项、关联程度及关联顺序,使其成为正面引导投资者做出合理投资选择的资料依据。二是要建立健全资本市场的信用评级体系。资本市场监管部门应依据行业法律法规对证券经营主体、证券中介机构等的行为进行严格审查,分类构建科学有效的多层次资本市场信用评级体系,交易机构也应配合监管部门搭建全国性统一的信息公示平台,确保资本市场信息披露的信效度。三是针对上市公司的重大资产重组事务要制定规范性、可操作性细则。个别上市公司借助资本重组的噱头散布不良信息进行牟利会严重扰乱资本市场的正常秩序,监管部门应预先制定上市公司重大资产重组的规范性程序,如在资产重组前必须向有关部门提供详细可信的重组计划,公司股东大会拥有对资产重组方式、过程以及细节的最高审议权,重组结果须经主管机构及中介组织认定等。四是要从法律法规层面强化针对上市公司关联交易的监管力度。现阶段《公司法》的相关规定未能将中小股东的权益放在重要地位,建议要将中小股东的关联交易行为补充进来，以充实上市公司信息披露内容，保障中小股东对于公司信息的知情权。同时，上市公司资产重组涉及的规模金额、利益分配、程序设置等都相对复杂，而现行信息披露机制下资产重组企业仅需要公开关联企业类型、交易方式及要素即可通过审查，这显然无法保障投资者能够掌握关联交易的全部信息，也可能对其投资行为产生非理性误判。对此建议由主管部门、监管部门牵头制定专门针对公司关联交易的法规章程，从关联交易的资产评估报告、交易对象、交易价格、评估机构信息等方面制定系统的参考标准，有效指导上市公司的重大资产重组工作。五是要加强针对上市公司股权再融资行为的信息披露监管。当前对于上市公司股权再融资的监管判定标准主要集中在资产收益率、利润率等单一指标上，这会诱导上司公司有意针对这些指标进行特定的操纵，从而造成上市公司盈余假象。针对这一问题应考虑构建一种多维度的股权再融资监管指标体系来扩大上市公司的信息披露范围，监管指标框架不单只考虑上市公司的持续盈利能力，还应统筹考虑上市公司的信息披露诚信状况和履行社会责任状况。同时，从事前、事中、事后三个阶段要求上市公司对股权再融资项目的可行性报告、中期执行报告、资金使用报告、第三方评估报告等进行定期披露，提高股权再融资项目的程序审查门槛。

2.4.3　强化基金管理者监管与激励制度

证券基金管理者作为资本市场中的一类重要金融中介组织，实际上也是资金资产的实际控制人和具体决策者，理应成为资本市场中的重要监管对象，进一步强化针对基金管理者的监管和激励制度更是保护基金投资者合法权益的有效工具。从基金管理者监管制度上来看有以下五个方面需要完善，一是要加速证券市场中介机构建设的法制化进程，应从立法层面建构覆盖广泛、结构完整、科学有效的市场中介法律法规体系和执法体系；二是要健全证券市场中介机构监管体制，形成以中国证监会为核心、证券中介机构的直接主管部门为主体、行业自律性组织为辅助的监管职能分工明确的市场中介机构监管体系；三是要强化证券市场中介结构的市场化属性，确保资本市场中介组织能够做到投资决策的独立性，摆脱因利益诉求而形成的对行政机构或业务要害部门的依附关系，并减少因此而产生的投资短视行为和失信行为，营造公平诚信的中介市场环境；四是要建立起优胜劣汰的市场淘汰制度和严格的失信惩戒制度，尤其是要不断提高资本市场中介组织违规违法行为的失信成本，并完善后续的民事赔偿制度、行政问责制度和法律责任追究制度；五是要重视证券市场中介组织从业人员的业务素质、道德修养的锻造，通过执业资格考试、在职业务培训、警示教育等方式引导从业人员树立正确的行业价值观，尽力规避资本市场中介组织从业人员职务犯罪事件的发生。

从基金管理者激励制度的完善来看，为规范证券投资基金管理激励机制，国家监管部门于 2001 年出台了《关于证券投资基金业绩报酬有关问题的通知》，明确规定基金管理者不得提取基金业绩报酬。自此以后基金管理者的收益主要是来自基金管理费。我国的证券基金管理费用主要是按照所管理基金资产净值的一定比例来抽取，这种基金管理费用提取方式导致证券基金管理者的收益与基金实际收益水平关联不够紧密，也就无法对资本市场中介组织从业人员形成正向对称的激励及约束，1.5% 的基金管理费用固定提取标准可以保证管理者实现旱涝保收，即便不发生主观不作为、道德风险等问题，基金管理者同样可以获得比较可观的收益，这也导致委托型证券基金"委托—代理"的激励约束机制无法发挥实际作用。结合当前我国资本市场的发育实际，监管层面应考虑适当降低基金管理费率，适时加入基金管理者提取业绩报酬的激励制度。因此，尽管针对基金管理者的外部治理和内部治理在不同阶段存在侧重点上的差异，其核心问题依然是如何能够最大程度地激励约束证券基金管理者提高资本市场经营业绩以确保投资者和持有者的收益最大化，而且针对基金管理者的业绩激励制度的完善一方面有助于提高基金管理者内部治理的有效性；另一方面也有助于推动职业基金管理者市场的形成，并形成对该群体的外部约束，实现内外治理的平衡。从总体的制度设计思路层面而言，针对基金管理者的激励制度设计应突出行业自律作用，变刚性的业务监管为弹性的业绩监管，充分发挥资本市场中介组织的创造性和积极性，使其更好为资本市场投资主体服务。

2.4.4　完善行政审裁以及司法协作制度

某种程度上，行政执法效率直接决定了我国资本市场的监管成效，现阶段我国资本市场存在的一个突出问题就是资本市场监管体制和监管强度尚不能适应资本市场快速扩张的要求。为此，中国资本市场监管有效性的提升应将重点从立法层面转向执法层面，建立科学高效的行政执法机制应成为资本市场监管制度完善的重要方向。当然，需要认识到的是，资本市场的行政执法监管总是需要在执法不足和执法过度之间寻求平衡，建立在市场机制基础上的适度监管是制度设计的努力目标，实现这一目标的核心原则就在于尽可能制定一种"公平、公正、公开"的资本市场行政执法规则体系，准确定位监管部门的监管职能及归口事项，同时注重借助地方监管机构的便利条件来细化监管责任，逐步形成对资本市场法律法规执行状况的定期和不定期考查制度，从制度设计层面确保资本市场的行政审裁制度产生实际威慑力。

当然，除了对资本市场的违规违法行为执行行政审裁外，还可以借助法律诉讼渠道寻求司法救助，要求被告一方承担相应的民事责任，包括没收非法交易所得、冻结公司资产等。在中国现行司法体制下，可以探索多种司法提前介入方式，在共同的资本市场监管目标导向下实行联合办案制度，诸如建立与法院系统的司法冻结制度，与检察机关的司法协作制度，协同实施民事、刑事、行政调查程序等。另外，随着民众法律意识的逐步增强，在确保政府监管到位的前提下，更应重视通过民事救济方式动员投资者参与资本市场监管，通过法律诉讼来对资本市场中的失信违法行为形成震慑，这种监管作用相比于政府监管往往具有更强烈的主动预防性和针对性。正如英国法学家阿蒂亚所言，"就算世界上有一种完美的法律制度，如果公众无法合理有效利用这一制度，那么制度再好也是基本无效的"，这也反映出制度的完善及其成效显现必须有赖于一个与之相适应的、具备操作性的诉讼机制（胡晓柯，2004）。比如在美国，针对反欺诈的法律救济措施在很大程度上依赖集团诉讼机制，这种机制主要指法律上允许一人或小群体代表所有共同利害关系人提起诉讼，诉讼判决结果对所有利害关系人均具有同等效力，这对于维护资本市场投资者的合法经济权益、规避资本市场中的违规违法行为起到了重要作用，中国的代表人诉讼机制也正是借鉴美国集团诉讼机制的立法经验而形成和确立的。具体到资本市场领域中，证券欺诈所产生的民事责任主要就是侵权责任，需要执行的也多是损害赔偿，而通过援引反欺诈条款来追求当事人的侵权责任也必须建立在对侵权责任追责机制的有效法律程序能够被完整履行的基础上。因此，民事责任制度就是通过设置多样化的事后法律救济渠道来为投资者的投资行为提供法律保障的，由此建立起来的侵权责任追究制度可以赋予受害者与违规行为的操纵主体相抗衡的能力和动力，也在无形中树立了资本市场系列监管法律法规的权威性（郝旭光等，2015）。综上所述，建立和完善资本市场监管中的司法协作机制、民事诉讼机制以及违法追责机制，不仅可以有效保障投资者的合法权益、遏制资本市场中的违规违法投资行为、净化资本市场投资交易环境，还可减少因监管机构人财物能力不足而导致的行政执法低效弊端，应成为后续资本市场监管制度设计重点考虑的领域和方向。

3
股票市场发展现状与现行监管制度

本章在梳理中国股市发展的背景及历程的基础上，归纳总结中国股票市场发展特点与规律，从中国上市公司规模、融资规模、股市市值、股市收益率与换手率等方面全面分析了中国股市发展的现状，并详细地梳理了中国股票市场监管制度历史的演变过程，细致地阐述了中国股票市场监管的体制及内容。通过这些内容的梳理、归纳、总结能够比较清晰地勾勒与反映出中国股市发展的现状和现行监管制度。

3.1 中国股票市场的发展背景及历程

历经近 30 年的发展，中国股票市场无论是市场规模、组织结构，还是交易清算效率都可比肩经历数百年发展历程的诸多西方经济体的股票市场。然后，与西方主要经济体股票市场发展的历程相比，中国股票市场的产生、发展有着极其特殊的历史背景。中国的股票市场是一个"新兴 + 转轨"的市场，是一个经历了"姓社还是姓资"的长期争论、多变的政策选择而发展起来的市场。中国股票市场的产生、发展，在中国经济体制从计划经济向市场经济转型过程中扮演着极为关键的角色，其改革与发展的经验，是中国经济改革开放成功经验的重要构成部分。

3.1.1 中国股票市场产生、发育的特殊历史背景

西方股票市场的产生源于西方企业的资本组织形式从独资、合伙发展到股份公司这一演变过程。企业股份制度的自然演变过程为西方股票市场的产生与发展提供了自然土壤，故西方股票市场的出现符合市场经济发展的自然规律。

中国股票市场的产生不同于西方股票市场，中国的股票市场产生于中国经济体制转轨时期，在社会主义公有制经济为主体、多种公有制经济实现形式的背景下，中国股票市场既要借鉴西方股票市场的自然发展规律，又有密切结合中国特色社会主义经济发展的特有规律，这决定了"摸着石头过河"发展的中国股票市场的发育、成长独具自身特色。因此，为厘清和全面把握中国股票市场发展状况，需首先弄清楚中国股票市场产生、发展的特殊历史背景，才能更好地认清中国股票市场发展与演变中的状况与特点。

计划经济体制下国有企业面临严重的"预算软约束"问题导致银行体系爆发金融危机的风险不断增大。我国成立初期，我们学习苏联的经济发展经验，通过高度集中的计划分配制度，采用政府投资、国家所有的方式建立社会化规模经营的大工业企业（国有企业）。与之相适应，计划经济体制下国有企业的资本组织形式几乎是单一的国家所有、国有独资的形式。经过新中国成立初期对独资、合伙、股份制的旧官僚企业、民族资本家企业的社会主义改造和新中国成立后 30 多年的国家投资、国家重建，截至 20 世纪 80 年代，中国已经形成了覆盖各个领域的庞大的国有企业体系。基于该制度体系，形成了与之对应的社会分配机制、储蓄与投资运行机制。改革开放以来，随着市场经济体制改革的不断深化，计划经济体制下的国有企业呈现出了各种问题与矛盾。这些问题与矛盾主要体现在两个方面：一是国有企业无法适应市场经济体制改革的需要，出现经营难、亏损大、负债高、资产结构不合理等严重问题；二是在投融资方面，由于长期实行银行占主导的金融市场结构和计划经济中政府的干预，国有企业面临着严重的"预算软约束"，使得向企业提供资金的机构（政府或银行）未能坚持原先的商业约定，企业的资金运用超过了它的当期收益范围。这就使得银行体系独自承受了巨大的信用风险，爆发银行危机甚至金融危机的风险正在日益积累。

国有企业股份制改革催生了中国股市的诞生。为解决国有企业与市场经济体制改革相适应的问题以及其面临"预算软约束"给银行体系带来的巨大信用风险问题，中国先后进行了一系列尝试性的市场化改革。在国有企业改制领域先后尝试了放权让利、租赁制、承包制、转换国企机制等市场化改革。在银行领域，先是实施央行与专业银行分离，后对分离出来的银行进行企业化改革等。但这两个领域的改革效果并不理想，与市场经济体制改革的要求相去甚远。这种情况下，国有企业在设定的经济特征下尝试进行股份制改革，并在短期内获得了成功。随后，在中央政府和地方政府的大力推动下，国有企业股份改革被推到了整个经济体制改革的最前端，股票市场成为了国有企业股份改制过程的焦点。

3.1.2　中国股票市场的发展历程（阶段）及其规律

纵观各国股票市场发展的历程，均呈现出阶段性发展的特征规律，尤其是新兴市场国家的股票市场，其阶段发展的特征更为明显。股票市场呈现出这种阶段性发展规律的根本原因在于股市行情波动的阶段性特征，即牛市、熊市的持续期以及牛、熊市相互更迭引致了股市的阶段性发展规律。这种阶段性发展规律总体上可归结为：初生阶段、无序炒作阶段、低迷调整阶段以及市场完善的成熟阶段。中国股票市场也呈现出了上述发展的阶段性规律。为此结合中国国有企业股份制改革和市场经济体制改革的进程，按照上述发展规律，对中国股票市场发展的阶段进行划分，这样更能厘清中国股票市场发展过程中的特征特点。

（1）第一阶段：初创阶段（1990~1991 年）。

标志性事件：1990 年 12 月上交所、1991 年 7 月深交所的挂牌营业，标志着中国股票集中交易市场正式成立，中国股市第一次开创起资源配置的功能。

特点：上海、深圳为股票发行试点，股票市场规模小、市场呈现区域性分隔，股票的发行和交易缺乏统一法律法规，股票市场发展的思想认识存在分歧。

（2）第二阶段：试验阶段（1992~1997 年）。

标志性事件 1：坚决试验发展股票市场的政策基调。邓小平同志发表"南方讲话"，确定"建立社会主义市场经济体制"的改革目标，股份制成为国有企业改革的方向，更多的国有企业实行股份制改造并开始在资本市场发行上市。1993 年，股票发行试点正式由上海、深圳推广至全国，打开了资本市场进一步发展的空间。

标志性事件 2：大力发展股票市场的政策基调。1997 年 9 月，党的十五大报告明确指出"股份制是现代企业制度的一种资本组织形式"。这意味着从国家层面上要大力推行股份制、发展股票市场，承认了股份制是公有制的一个特殊形式，股票市场的地位正式确立。同时也标志着中国股票市场发展的政策基调，从"坚决试"转变为"大力发展"。

特点：投资者为获利蜂拥入市，地方政府和改制后的企业发现股份制改革是企业迅速获得资金摆脱困境的捷径而对股市青睐有加。中国股票市场于1996 年 5 月迎来了大牛市行情，市场规模骤增。由于市场供求机制与监管机制不够完善，投机盛行，黑市交易大量滋生，股市暴涨暴跌。

监管体系初具雏形：为打压整顿股市存在的问题，涨跌幅及交易量均受到了限制，监管体系逐步从中央与地方、中央各部门共同参与管理向集中统一管理过渡，股票市场的监管机制形成，监管体系初具雏形。

（3）第三阶段：规范阶段（1998~2001 年）。

标志性事件 1：全国集中统一监管体制形成。1998 年 4 月，国务院确定中国证监会作为国务院直属单位，成为全国证券期货市场的主管部门，全国集中统一的证券监管体制形成。

标志性事件 2：1999 年 7 月《证券法》颁布实施，标志着中国股票市场步入了规范发展的新阶段。

特点：1999~2001 年持续牛市，行情高涨。但太过火爆的股市呈现出了严重脱机基本面，市盈率严重偏高，违规违章行为不断暴露，股市成为质量参差不齐的上市公司"解困"的重要途径。为规范这些问题，中国股市制度建设也逐渐走向成熟，至 2001 年底中国证券期货市场初步形成了以《公司法》《证券法》为核心，行政法规为补充，部门规章为主体的系统的证券期货市场法律法规体系。

（4）第四阶段：转轨阶段（2002~2004 年）。

标志性事件：2004 年 1 月国务院颁发《关于推进资本市场改革开放和稳定发展的若干意见》，推进资本市场的市场化改革，标志着股票市场进入转轨发展阶段，股票市场的地位被提升到改革与发展全局的高度来考虑。股票市场被赋予新功能：服务国家经济改革＋服务经济结构战略性调整。

特点：一方面，股权分置问题未彻底解决，使得股市股票价值被严重低估，价格甚至一度低于面值，股市不仅未实现资源优化配置，甚至连最基础的筹资功能也未真正实现。另一方面，中国股市未充分发挥促进经济结构优化调整、实现资源优化配置的高层次、综合性功能。

（5）第五阶段：重塑阶段（2005 年至今）。

标志性事件：2005 年 5 月股权分置改革，标志着中国股票市场进入较长的重塑阶段。

特点：截至 2007 年底，股权分置改革基本完成，中国股市进入一个蓬勃发展阶段，一大批公司尤其是四大国有银行、中国国航等大盘股企业上市，表明股权分置改革后，中国股市分流银行资金、融资和进行资源配置的功能得以实现，使中国资本市场进入了蓝筹时代。再加上提高上市公司质量、大力发展机构投资者、改革发行制度等一系列改革，投资者信心得到恢复，资本市场出现转折性变化，沪、深股指纷纷创出历史新高。

3.1.3　中国股票市场的发展历程及其规律的评述

　　总体而言，与上述的中国股票市场的阶段性发展规律相适应，中国股票市场的功能也经历了从国有企业改革试点、建立直接融资渠道、促进储蓄向投资转化的基础性功能，到促进国有企业转机建制（转换经营机制、建立现代企业制度）、服务国有经济，再到促进经济结构战略性调整的高级、复合性功能的逐步演进历程。然而，当前的中国资本市场还存在着大而不强、上市公司治理机制不完善、投资者自律程度不高、系统风险控制不足以及财富的不合理分配等一系列问题，在这"新兴＋转轨"的特殊阶段，都会长期伴随中国股票市场存在。因此，从股票市场成长阶段的基本特征是发展、完善和规范市场这一角度看，当前的中国股票市场仍然处于比较稚嫩的成长期。

3.2　中国股票市场的发展现状

　　近 40 年来，中国股市的上市公司数量、成交规模、上市公司规模等方面都呈现出了惊人巨变。此节将从以下五个方面全面描述中国股市发生的巨大变化。

3.2.1　上市公司数量增长情况

　　从境内上市公司数量（A、B 股）来看，1990 年仅有 10 家，到 2018 年已达到 3584 家，仅 2013 年出现负增长，其他年份均实现正增长（见图 3–1）。2018 年上市公司数是 1990 年的 358 倍，年均增长率高达 32.29%，增长速度较快。从沪深两市上市的公司数来看，2018 年，在上交所上市公司数为 1426 家（A、B 股），在深交所上市公司数为 2158 家（A、B 股）。根据中国证监会《2019 年 2 季度上市公司行业分类结果》所示，涉及 19 个门类，90 个行业。

　　从境内上市外资股公司数量（B 股）看，1992 年是 18 家，到 2018 年增加到了 99 家（见图 3–2），但整体而言增速并不快，从 1990~1998 年出现快速增长，从 1999~2018 年保持在 110 家左右。而境外上市公司数家（H 股），1992 年仅为 24 家，到 2018 年高达 267 家，呈现快速增长趋势，这反映出我国上市企业"走出去"融资情况良好，也反映出我国证券市场对外开放势头较好。

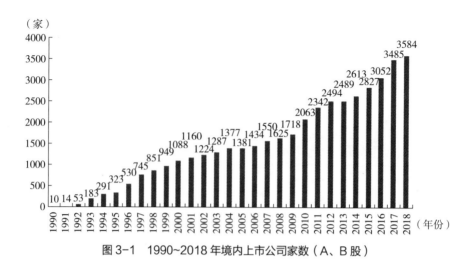

图 3-1　1990~2018 年境内上市公司家数（A、B 股）

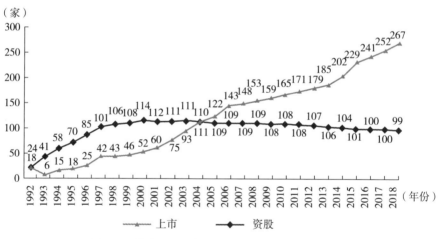

图 3-2　境内上市外资股公司和境外上市公司的情况

3.2.2　股票发行量情况

从股票总发行股本规模来看，1992 年仅 68.87 亿股，到 2019 年第二季度已突破 6 万亿股（见图 3-3）。从股票总发行的年增长率看，呈现出阶段性特征。第一阶段为 1993~2001 年为高速井喷阶段，该期间年增长率均在 20% 以上。第二阶段为 2002~2005 年，该阶段呈现平稳增长的态势，平均增长率在 9% 左右。第三阶段为 2006~2011 年，该阶段为第二次高速增长阶段，其中 2006 年、2007 年、2010 年的增速分别为 66%、34%、31%。第四阶段为 2012~2019 年第二季度，总发行股本在此时进入平稳增长的态势，年均增长率在 8% 左右。

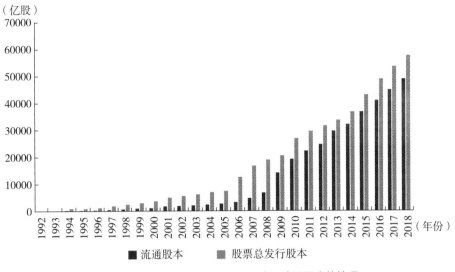

图 3-3 1992~2018 年总发行股本、流通股本的情况

如图 3-3 和表 3-1 所示，1992 年流通股本为 21.18 亿股，仅占总发行股本的 30.75%，到 2018 年流通股本为 49048 亿股，占总发行股本的 85.18%。流通股占总发行股本比例也呈现出阶段性特征，1992~2008 年该占比一直保持在 30% 左右，2009 年占比达 68.91%，到 2012 达 77.84%，从 2013~2018 年一直保持在 85% 左右。这体现出我国推行股改，提升流通股比重政策的成效比较显著。

表 3-1 1992~2018 年流动股占总发行股比例情况

年份	1992	1993	1994	1995	1996	1997	1998	1999	2000
流动股占比（%）	30.75	27.82	33.02	35.53	35.25	34.56	34.11	34.95	35.72
年份	2001	2002	2003	2004	2005	2006	2007	2008	2009
流动股占比（%）	34.75	34.67	35.31	36.05	38.2	27.16	29.02	36.85	68.91
年份	2010	2011	2012	2013	2014	2015	2016	2017	2018
流动股占比（%）	72.05	75.64	77.84	88.69	87.75	86.1	84.38	83.81	85.18

资料来源：中国国家统计局网站。

3.2.3 股票市场价值情况

股票市价总值、股票流通市值规模不断增大，但波动较为剧烈。股市作为国民经济的晴雨表，其波动也反映了我国实体经济发展的波动状况。股市设立初期到 1999 年，股市市值均处于平稳状态，2000~2005 年股市市值出现较快持续增长。但在 2006 年、2007 年股市市值出现了井喷式上升，2006 年股票市价总值从 2005 年的 32430 亿元蹿升到了 89404 亿元，流通股市值从 10631 亿元陡增到 25004 亿元，2007 年股票市价总值、流通股市值再次暴增分别达到 327141 亿元、93064 亿元，此后进入频繁波动阶段（见图 3-4）。这种波动状况与我国宏观经济政策调控、2008 年国际金融危机等有着密切关系。

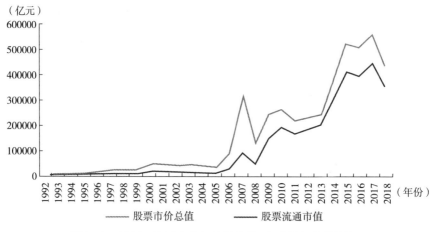

图 3-4　1992~2018 年股票市价总值、股票流通市值的情况

从股票总市值占 GDP 比重来看，股市对实体经济起到支撑作用。如图 3-5 所示，在股市成立初期的 1992 年，股票总市值占 GDP 的比重仅为 3.85%，到 1997 年该占比水平提升到了 21.99%，到 2000 年达 47.96%，随后进入了占比不断波动的阶段。其中，2007 年占比超过了 100%，达到 121.12%。按照市场出清理论，在 GDP 规模一定的情况下，用于投资的资金规模是一定的，当这些资金都被吸引到了资本市场后，就没有增量资金了，从而无力再推升股价，于是股票总市值与资金的总规模形成了一种确定的联系。因此，股票市价总值占 GDP 比重存在一个均衡水平。有关学者的研究（华生，2015；董宝珍，2016）表明，中国股票市价总值占 GDP 比重的均衡水平约为 75%。根据该标准，同时对照图 3-5，可知我国股市对我国实体经济的支撑还有巨大空间。

图 3-5 1992~2018 年股市总市值占 GDP 比重的情况

3.2.4 股票成交量与成交金额情况

股票成交量、成交金额的情况很好地反映了股市的活跃程度。从 1992 年股市成立初期到 1999 年，股市成交量、成交金额并不高，1999 年分别为 2932 亿股、31320 亿元，到了 2000 年股票成交量、成交金额出现第一次猛增，分别达到 4758 亿股、60827 亿元。从 2001 年开始股票成交情况出现快速增长和剧烈波动阶段，其中 2015 年出现了井喷式增长，成交量高达 171039 亿股、成交额达到 2550541 亿元，随后开始迅速回落（见图 3-6、图 3-7）。

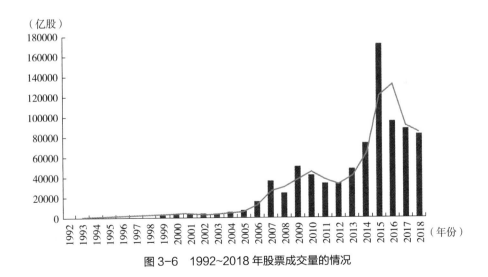

图 3-6 1992~2018 年股票成交量的情况

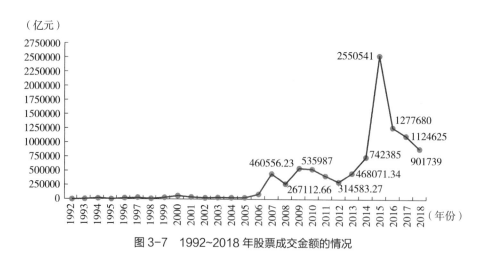

图 3-7　1992~2018 年股票成交金额的情况

从沪深两市综合指数来看，我国股市的波动情况较为剧烈，且呈现出阶段性特征，而这种阶段性特征的形成与我国宏观政策调整有关。1992~1998 年，沪深综合指数呈现出一个小幅波动的周期，波谷在 1995 年和 1998 年，波峰在 1993 年和 1997 年。1999 年以后，沪深综合指数开始出现剧烈波动，呈现"大起大落"的特征，2005~2007 年沪深综合指数出现猛增，这与该期间流动性过剩、央行宽松的货币政策有关。2008 年由于受到国际金融危机的冲击，沪深综合指数迅速猛跌，随后进入了不断波动的阶段（见图 3-8）。

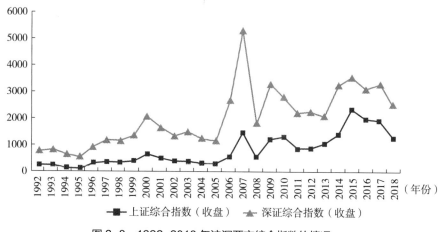

图 3-8　1992~2018 年沪深两市综合指数的情况

3.2.5　股票换手率与市盈率情况

市盈率能够反映股市的流通性、市场价值与风险情况。从股市成立之初至今，沪深两市的平均市盈率的波动都比较剧烈（见图3-9）。表3-2给出了根据市盈率水平来判断股市价值和市场风险的标准。结合表3-2、表3-3和表3-4可以看出1993~2018年沪深两市股市价值和市场风险状况。

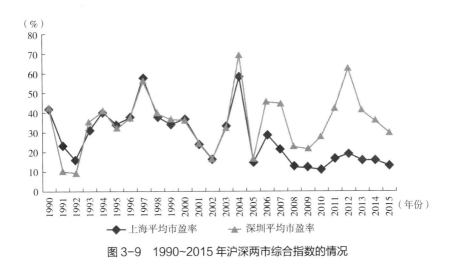

图 3-9　1990~2015 年沪深两市综合指数的情况

表 3-2　根据市盈率水平来判断股市价值和市场风险的标准

市盈率的等级区间	市场状况
0 以下	股市价值为负
0~13	股市价值被低估
14~20	股市价值正常
21~28	股市价值被高估
大于 28	股市出现投机性泡沫

如表3-3和表3-4所示，沪深两市平均市盈率大于28的年份数分别有12年、18年，表明我国股市投机性泡沫较为严重，投机行为盛行，这是未来证券市场发展机制有待进一步调整与完善的地方，尤其是在机构投资者监管、内幕交易监管、中小投资者教育与保护等方面。

表 3-3　1993~2018 年沪市平均市盈率情况

年份	1993	1994	1995	1996	1997	1998	1999	2000	2001
市盈率（%）	42.5	23.5	15.7	31.3	39.9	34.4	38.1	58.2	37.7
市场特征	投机性泡沫	高估	正常	投机性泡沫	投机性泡沫	投机性泡沫	投机性泡沫	投机性泡沫	投机性泡沫
年份	2002	2003	2004	2005	2006	2007	2008	2009	2010
市盈率（%）	34.4	36.5	24.2	16.3	33.3	59.2	14.9	28.7	21.6
市场特征	投机性泡沫	投机性泡沫	高估	正常	投机性泡沫	投机性泡沫	正常	投机性泡沫	高估
年份	2011	2012	2013	2014	2015	2016	2017	2018	
市盈率（%）	13.4	12.3	11	16.9	18.9	15.9	16.3	13.2	
市场特征	正常	低估	低估	正常	正常	正常	正常	正常	

资料来源：中国国家统计局网站。

表 3-4　1993~2018 年深市平均市盈率情况

年份	1993	1994	1995	1996	1997	1998	1999	2000	2001
市盈率（%）	42.7	10.3	9.5	35.4	41.2	32.3	37.6	56	39.8
市场特征	投机性泡沫	低估	低估	投机性泡沫	投机性泡沫	投机性泡沫	投机性泡沫	投机性泡沫	投机性泡沫
年份	2002	2003	2004	2005	2006	2007	2008	2009	2010
市盈率（%）	37	36.2	24.6	16.4	32.7	69.7	16.7	46	44.7
市场特征	投机性泡沫	投机性泡沫	高估	正常	投机性泡沫	投机性泡沫	正常	投机性泡沫	投机性泡沫
年份	2011	2012	2013	2014	2015	2016	2017	2018	
市盈率（%）	23.1	22	27.8	41.9	62.4	41.2	36.2	29.8	
市场特征	高估	高估	高估	投机性泡沫	投机性泡沫	投机性泡沫	投机性泡沫	投机性泡沫	

资料来源：中国国家统计局网站。

　　股市换手率是反映股票流通性的重要指标，由于我国股市不允许卖空操作，故股市平均换手率能很好地反映市场投资者的投资情绪，也能很好地反映市场整体表现。当市场指数较高时，换手率就比较高，投资者情绪也比较高涨；当市场指数比较低时，换手率比较低，投资者情绪也比较低。图 3-10 给出了 1993~2017 年沪深两市的平均换手率，整体上看换手率波动都特别大，且深市的平均换手率要远高于沪市。这说明我国股市处于转型发展时期，市场上的价格与交易存在大量"噪声"，非理性投资者对市场信息的认知判断偏差和噪声交易使得股价偏离基础价格，所以平均换手率的情况反映出了我国股市还处于一个不够成熟的发展阶段。

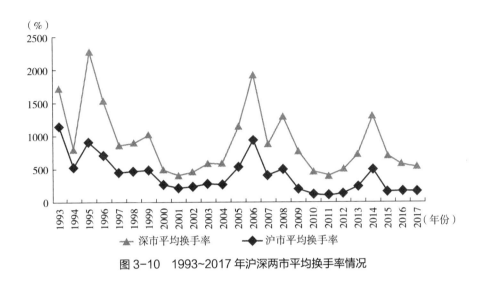

图 3-10　1993~2017 年沪深两市平均换手率情况

3.3　中国股票市场监管制度

3.3.1　中国股票市场监管体制（监管主体）

股票市场监管体制是指随着股票市场的发展，监管当局为了实现特定的监管目标而使用的一系列监管处罚手段，对被监管机构进行监督所形成的某种体制，并随着股票市场的不断变化而发展完善。上交所、深交所成立之初的两年里，中国股票市场并未有明确的监管规章制度，导致了股票市场交易混乱。为实现对股市的监管，规范股市健康发展，1992 年 10 月，国务院证券委和中国证监会宣告成立，标志着中国证券市场统一监管体制开始形成。国务院证券委是国家对证券市场进行统一宏观管理的主管机构。中国证监会是国务院证券委的监管执行机构，依照法律法规对证券市场进行监管。国务院证券委和中国证监会成立以后，其职权范围随着市场的发展逐步扩展。1995 年 3 月，国务院正式批准《中国证监会机构编制方案》，确定中国证监会为国务院直属副部级事业单位，是国务院证券委的监管执行机构，依照法律、法规的规定，对证券期货市场进行监管。1997 年 8 月，国务院研究决定，将上交所、深交所统一划归中国证监会监管；同时，在上海和深圳两市设立中国证监会证券监管专员办公室；同年 11 月，中央召开全国金融工作会议，决定对全国证券管理体制进行改革，理顺证券监管体制，对地方证券监管部门实行垂直领导，并将原由中国人民银行监管的证券经营机构划归中国证监会统一监管。1998 年 4 月，根据国务院机构改革方案，决定将国务院证券委与中国证监会合并组成国务院直属正部级事业单位。经过这些改革，中国证监会的职能明显加强，集中统一的全国证券监管体制基本形成。

综上所述，中国股票市场监管体制经历了财政部独立管理、中国人民银行主管、国务院证券委员会主管、中国证监会主管几个阶段。根据《公司法》《证券法》《证券公司监督管理条例》等相关法律法规规定，目前我国股票市场实施的是以中国证监会依法进行集中统一监督管理为主、证券交易所一线监管和中国证券业协会自律性组织对会员实施自律管理为辅的行业管理体制（见图3-11）。另外，中国人民银行、银保监会、国家发改委、财政部等部门机构也在我国股票市场监管工作上发挥了有效的辅助作用。

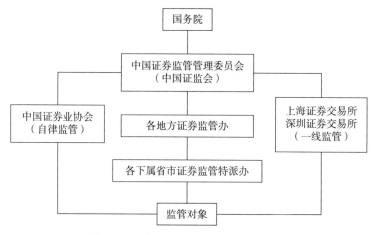

图 3-11　中国股票市场监管的体制框架

（1）中国证监会的集中统一监管。

按照《证券法》的规定，国务院证券监督管理机构依法对证券市场实行监督管理，维护证券市场秩序，保障其合法运行。经国务院授权，中国证监会及其派出机构依法对全国证券期货市场进行集中统一监管。中国证监会在对证券市场实施监督管理中承担如下主要职能：

第一，依法制定有关证券市场监管的规章与规则，并依法行使审批或者核准权；第二，依法对证券的发行、上市、交易、登记、存管、结算进行监督管理；第三，依法对证券发行人、上市公司、证券公司、证券投资基金管理公司、证券服务机构、证券交易所、证券登记结算机构的证券业务活动进行监督管理；第四，依法制定从事证券业务人员的资格标准和行为准则，并监督实施；第五，依法监督检查证券发行、上市和交易的信息公开情况；第六，依法对证券业协会的活动进行指导和监督；第七，依法对违反证券市场监督管理法律、行政法规的行为进行查处；第八，法律、行政法规规定的其他职责；第九，国务院证券监督管理机构可以和其他国家或者地区的证券监督管理机构建立监督管理合作机制，实施跨境监督管理。

（2）上交所、深交所的一线监管。

根据《证券法》的规定，证券交易所是为证券集中交易提供场所和设施，组织和监督证券交易，实行自律管理的法人。证券交易所的主要职责范围包括：

第一，提供证券交易的场所和设施；第二，制定证券交易所的业务规则；第三，接受上市申请，安排证券上市；第四，组织、监督证券交易；第五，对会员进行监管；第六，管理和公布市场信息；第七，依照规定办理股票及债券的暂停上市、恢复上市或者终止上市的事务；第八，在突发性事件发生时采取技术性停牌措施或者决定临时停牌；第九，证券监督管理机构赋予的其他职能。

（3）证券业协会的自律管理。

按照《证券法》的规定，中国证券业协会是证券业的自律性组织，属于社会团体法人，通过会员大会对证券市场实施自律管理。中国证券业协会的职责为：

第一，教育和组织会员遵守证券法律、行政法规；第二，依法维护会员的合法权益，向证券监督管理机构反映会员的建议和要求；第三，收集整理证券信息，为会员提供服务；第四，制定会员应遵守的规则，组织会员单位从业人员的业务培训，开展会员间的业务交流；第五，对会员之间、会员与客户之间发生的证券业务纠纷进行调解；第六，组织会员就证券业的发展、运作及有关内容进行研究；第七，监督、检查会员行为，对违反法律、行政法规或者协会章程的，按照规定给予纪律处分；第八，证券业协会章程规定的其他职责。

3.3.2 中国股票市场监管的法律法规体系与政策（监管内容）

为保证证券市场的健康发展，切实保护投资者利益，规范证券市场的行为与证券市场的秩序，防范证券市场风险和促进证券业的稳定发展，目前我国已形成一套较为完善的股票市场监管法律法规及政策体系，该体系的主要框架为：基本法律法规＋行业规章。其中，基本法律法规主要包括《公司法》《证券法》《证券公司监督管理条例》《证券公司风险处置条例》等；行业规章主要包括中国证监会颁布的部门规章、规范性文件，自律机构制定的规则、准则等，涉及行业管理、公司治理、业务操作和信息披露等诸多方面。基于该框架，可将其梳理为四个层次：

第一层次：法律。股票市场监管的法律指的是国家立法机关全国人民代表大会及其常委会依据立法程序制定的有关金融活动的规范性文件。现行的法律主要包括 2005 年 10 月 27 日经十届全国人大常委会第十次会议审议修订通过的《证券法》和《公司法》，另外包括《证券公司监督管理条例》《证券公司风险处置条例》等。

第二层次：行政法规。行政法规是指最高国家行政机关国务院颁布制定的有关证券管理的规范性文件。这些规范性文件对《证券法》等基本法律文件形成有效补充，例如《股票发行与交易管理暂行条例》《关于股份有限公司境外募集股份及上市的特别规定》《关于股份有限公司境内上市外资股的规定》等。

第三层次：部门规章。部门规章是指由国务院所属部委依法发布的行政性规章，股票市场监管的部门规章大部分由中国证券业监督管理委员会颁布的，这些规章操作性都比较强，如《市公司收购管理办法》《证券公司管理办法》《禁止证券欺诈暂行办法》《公开发行证券的公司信息披露内容与格式准则》等。

第四层次：自律规则。自律规则主要是中国证券业协会、上交所、深交所等机构为规范与约束其会员而制定实施的带有自治性的规范文件、章程、业务规章等，如《证券交易委托代理业务指引》《公开发行证券的公司信息披露内容和格式》《证券交易业务规则》等。

根据上述的四个层次，并结合中国股票市场监管的实践，可将中国股票市场监管法律法规体系与政策归纳为三个层面的内容：股票发行制度、对上市公司监管、对不正当交易行为监管。下面将对这三个层面进行具体说明：

（1）股票发行制度（公司上市的监管制度）。

1）股票发行制度体系。

股票发行是发行人为筹资向投资者发行股份的行为，股票发行时须按法定程序执行，该程序即股票发行制度。现阶段中国股票发行制度体系主要构成包括：发行审核制度、保荐人制度、发行定价制度、发行方式制度、信息披露制度、处罚制度等，其中发行审核制度、发行定价制度是当前股票发行制度中最为关键的两个内容（见图 3–12）。

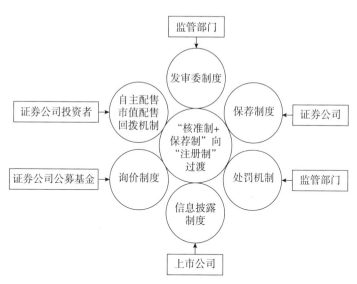

图 3-12　中国股票发行制度体系框架

发行审核制度：是指上市公司发行股票获得监管部门许可的机制。该机制主要包括审批制、核准制和注册制。我国现行审核制度为核准制下的发审委制和保荐制。其中，发审委制是指公司上市须由国务院证券监督管理委员会设立的发行审核委员会审核通过。保荐制是指公司上市要由保荐人和保荐机构推荐担保，保荐人和保荐机构对公司上市申请材料的真实性、准确性、完整性进行审查并协助其建立严格的信息披露机制。上市以后，保荐机构和保荐人也须负持续督导责任。若出现上市公司造假上市，或上市后就出现亏损等情况，按照相应规定保荐机构和保荐人可能受到停办承销业务或被除名的处罚。

股票发行定价制度：目前中国主要采取询价制度来确定公司 IPO 发行价格，询价制度包括初步询价和累计投标询价两个阶段。拟上市公司及其保荐人首先通过初步询价机制确定股票发行价格的区间，其次通过累计投标询价最终确定股票发行价格。

股票发行方式：中国采取自主配售、市值配售相结合的发行方式。其中，自主配售是指赋予券商对分配股份的自主权，即在累计投标询价机制下主承销商拥有根据预订单进行自主分配股票的权力，并且可以自主调控股票的公开发行数量。

信息披露制度：指上市公司为保护投资者利益和接受社会公众的监督，而上市公司按照法律法规必须将财务状况、生产经营状况等信息和资料向监管部门和交易所报告，并通过特定渠道向社会公示的制度。

监管与处罚制度：指对各股票市场参与主体进行监管及违规惩罚的相关法

律法规等监管制度。

2）股票发审制度的演变情况。

中国股票发审制度大约经历了四个阶段（见表3-5）。

表3-5　中国股票发审制度的四个阶段

发审制度	定价方式	定价类型	配售方式
第一阶段：行政审批制（1990~1999年）			
行政审批制：总量控制，限定家数	行政定价发行： 上网竞价发行 固定价格公开发售 法人配售和上网定价相结合 上网定价发行	拍卖 固定价格 询价发行 询价发行	现金配售 现金配售 现金配售 现金配售和市值配售
第二阶段：核准制下的"通道制"（2000年至2004年2月）			
"通道制"为特色的核准制：按市值配	市场化改革定价： 在询价区间内投标询价 固定市盈率发行	拍卖 固定价格	现金配售 现金配售和市值配售
第三阶段：核准制下的"保荐制"（2005年2月至2013年11月）			
"保荐制"为特色的核准制	累计投标询价发行	累计投标询价	现金配售
第四阶段：核准制向注册制过渡（2013年11月至今）			
核准制向注册制过渡	注册制改革方案上报	累计投标询价	券商自主配售与市值配售相结合

第一阶段：行政审批制（1990~1999年）。所谓的行政审批制是指对股票发行规模和发行企业数量进行双重控制，每年先由证券主管部门下达公开发行股票总规模数，在此限额规模下各地方、部委进行额度分配，再由地方、部门确定预先企业，然后上报证券主管部门批注。该制度具有如下特点：一是额度管理。有中国证监会与国家计委制定年度、跨年度全国股票发行总规模，再按条块配给地方政府和中央部委。值得注意的是，额度是以股票票面面值计算的，在溢价发行条件下所筹规模远远大于既定额度。二是两级审批。证券发行企业先向各地政府、中央部委提交额度申请，地方政府、中央部委在国家下达的限额内进行一级审批，若获审批，再报送证监会进行二级审批。三是增量发行上市。只有新发的流动股才能进入二级市场流通。国家股和社会法人股不能进入二级市场上流通。

　　第二阶段：核准制下的"通道制"（2000 年至 2004 年 2 月）。1999 年 7 月 1 日颁布的《证券法》规定我国股票发行实行核准制。核准制是指公司上市发行股票时，无须各级政府批注，只要符合《证券法》和《公司法》的要求即可申请上市。核准制一方面取消了政府推荐的指标和额度管理，并引进了证券中介机构的责任，判断企业是否达到发行上市标准；另一方面证券监管机构同时对上市发行的合规性和适销性条件进行实质性审查，并有权否定发行上市申请，因此核准制进一步强化了监管力度。通道制（又称推荐制），是指由证券监管部门确定各家综合类券商所拥有的发股通道数量、券商按照发行一家再上报一家的程序来推荐发股公司的制度。其具体运作机制与程序是：由证券监管部门根据各家券商的实力和业绩，直接确定其拥有的发股通道数量；各家券商根据其拥有的通道数量遴选发股公司，协助拟发股公司进行改制、上市辅导和制作发股申报材料，然后，将发股申报材料上报券商内部设立的"股票发行内部审核小组"（以下简称内核组）审核，如果审核通过，则由该券商向中国证监会推荐该家拟发股公司；中国证监会接收拟发股公司的发股申请后，进行合规性审核，经"股票发行审核委员会"（以下简称发审会）审核通过，再由中国证监会根据股票市场的走势情况，下达股票发行通知书；拟发股公司在接到发股通知书后，与券商配合，实施股票发行工作。显然，"通道制"基本摆脱了股票发行在行政机制中运行的格局，是股票发行制度由计划机制向市场机制转变的一项重大改革。推出"通道制"的目的在于：一方面改变了以往大量申报、"做工粗糙"、重数量轻质量的缺点，加强对承销项目的审核和风险控制；另一方面促使好的券商做得更好，推荐更多质量好的公司，加快通道周转速度，利用有限的通道创造最大的收益。但"通道制"同时也抑制了券商之间的有效竞争，合规性发审未能有效确立股票发行的政策导向。2005 年 1 月 1 日起，证券公司推荐企业发行股票实行"自行排队，限报家数"的规定废止，运行了三年多后的"通道制"就此终结。

　　第三阶段：核准制下的"保荐制"（2005 年 2 月至 2013 年 11 月）。保荐制（全称为证券上市保荐制度）指由保荐机构及其保荐代表负责发行人证券发行上市的推荐和辅导，经尽职调查核实公司发行文件资料的真实、准确和完整性，协助发行人建立严格的信息披露制度。保荐制具体内容包括：第一，发行人首次公开发行股票并上市、上市公司发行新股和可转换公司债券、公开发行法律行政法规规定实行保荐制的其他证券，应聘请具有保荐资格的机构担任保荐机构。中国证监会或者证券交易所只接受由保荐机构推荐的发行或上市申请文件。第二，保荐机构及保荐代表应当尽职调查，对发行人申请文件、信息披露资料进行审慎核查，向中国证监会，证券交易所出具保荐意见，并对相关文件真实性、准确性和完整性负连带责任。第三，保荐机构及其保荐代表对其所推荐的公司上市后的一段期间负有持续督导义务，并对公司在督导期间的不规范行为承担责任。第四，保荐机构要建立完备的内部管理制度。第五，中国证监会对保荐机构实行持续监管。

保荐制度是一种更为市场化的方式，它把市场风险由监管部门转移到了市场主体身上，因为保荐工作存在多层面的连带风险责任，迫使保荐代表人必须具有很高的业务素质和严谨的工作作风，并对上市保荐业务建立合适的内控体系和操作流程。这会促进保荐机构更加注重拟发行公司的质量，从而促进质量好的企业尤其是质量好的民营企业上市，以此推动资本市场的结构改善和上市公司整体质量的提高。但是保荐制下的"保荐人制度"也存在巨大弊端，该制度的核心是由保荐机构扮演"辅导者"和"独立审计师"的角色，辅导企业遵守市场履行应尽的责任和义务，指导和监督企业做好信息披露工作，其核心的责任和义务均在于保荐机构，保荐人只是保荐机构聘请的具有相关专业资格的业务人员。但目前保荐制度的设计，过分强化了保荐代表人的权利，弱化了保荐机构的权利。由于在制度安排上让保荐代表人成为稀缺资源，导致保荐代表人在与保荐机构的合作中处于主导地位，保荐机构事实上无法对保荐代表人形成有效的约束。特别是保荐代表人可以随意更换保荐机构，使持续督导流于形式，最终承担保荐责任和督导责任的实际上就是保荐机构。因此，为进一步实现股票发行制度的完善，制度正在由核准制向注册制过渡。

第四阶段：核准制向注册制过渡（2013年11月至今）。股票发行注册制主要是指发行人申请发行股票时，必须依法将公开的各种资料完全准确地向证券监管机构申报。证券监管机构的职责是对申报文件的全面性、准确性、真实性和及时性做形式审查，不对发行人的资质进行实质性审核和价值判断，而是将发行公司股票的良莠留给市场来决定。注册制的核心是确保证券发行人提供的材料不存在虚假、误导或者遗漏，这种制度的市场化程度最高。2015年12月9日，国务院常务会议审议通过了拟提请全国人大常委会审议的《关于授权国务院在实施股票发行注册制改革中调整适用〈中华人民共和国证券法〉有关规定的决定（草案）》。2015年12月27日，中国国务院实施股票发行注册制改革的举措获得中国最高立法机关的修法授权，于2016年3月起施行股票发行注册制。但在2016年3月12日党的十二届全国人大四次会议记者会上，时任中国证监会主席刘士余表示，注册制是不可以单兵突进的，研究论证需要相当长的一个过程。这也意味着股票发行注册制改革将暂缓施行。

（2）对上市公司监管的制度。

按照现行的《证券法》对上市公司监管为中国证监会为监管一层，证券交易所处于一线监管，明确了证交所对上市公司的上市、上市暂停、上市终止、退市等占审核权。表3-6给出了中国证监会、证券交易所监管上市公司的权限对比。

表3-6　中国证监会、证券交易所监管上市公司的权限对比

监管主体	监管权限（监管第一层）	监管主体	监管权限（监管第一线）
中国证券业监督管理委员会（中国证监会）	研究和拟定证券及期货市场的方针政策和发展规划，起草证券及期货市场有关法律和法规，制定证券及期货市场的有关规章 监管证券及期货市场，垂直领导各地方的证券市场监督机构 监督股票、可转换债券及证券投资基金的发行、交易、托管和结算，批准企业债券上市，监管上市国债和企业债券的交易活动 监管内地期货合约的上市、交易和结算，按规定监督内地机构从事境外期货业务 监管上市公司及其有责任披露有关证券市场信息的股东的行为 按规定归口管理证券及期货交易所和其高级管理人员及证券业协会 监管证券及期货经营机构、证券投资基金管理公司、证券登记结算公司、期货结算机构和证券及期货投资顾问机构；与中国人民银行共同审批基金托管机构，并监管其基金托管业务；制定并实施对上述机构高级管理人员任职资格的规管规则；审批从事证券及期货业务人员的资格 监管内地企业直接或间接在境外发行股票和上市，监管内地机构在境外设立证券机构，监督外地机构到内地设立证券机构	证券交易所（上交所、深交所）	证券交易所应当为组织公平的集中竞价交易提供保障，及时公布证券交易行情，并按交易日制作证券市场行情表，予以公布 证券交易所依照法律、行政法规的规定，办理股票、公司债券的暂停上市、恢复上市或者终止上市的事务，其具体办法由国务院证券监督管理机构制定 证券交易所对在交易所进行的证券交易实行实时监控，并按照国务院证券监督管理机构的要求，对异常的交易情况提出报告；督促上市公司依法及时、准确地披露信息 证券交易所依照证券法律、行政法规制定证券集中竞价交易的具体规则，制定证券交易所的会员管理规章和证券交易所从业人员业务规则，并报国务院证券监督管理机构批准
中国证券业监督管理委员会（中国证监会）	监管证券及期货信息披露（《证券法》和国务院法规均载有持续披露的规定）和信息传播活动，负责证券及期货市场的统计与信息资源管理 会同有关部门审批从事证券及期货中介业务的律师事务所、会计师事务所、资产评估机构及其成员的资格，并监管其相关的业务活动 依法对违反证券及期货法律和法规的行为，进行调查和处罚（中国证监会具有明确权力，可施加行政处罚或罚款）以及归口管理证券及期货行业的对外交往和国际合作事务	证券交易所（上交所、深交所）	在证券交易所内从事证券交易的人员，违反证券交易所有关交易规则的，由证券交易所给予纪律处分；对情节严重的，撤销其资格，禁止其入场进行证券交易

1）上市条件。

在上市条件监管方面，修订前的《证券法》规定公司上市和发行股票都由中国证监会进行核准。修订后的《证券法》和同步修订的《公司法》将上市条件转移到了证券交易所层面，中国证监会的权力和股票上市条件都有了很大变化。目前修订后的《证券法》和《上海证券交易所股票上市规则》《深圳证券交易所股票上市规则》成为上市条件的主要文件。其中《上海证券交易所股票上市规则》《深圳证券交易所股票上市规则》分别规定了股票在两个交易所的上市条件，但内容基本相似，即对上市公司的资本、总股本、公司的盈利状况、公司股权的分散状况以及公司的信用等做了规定，其标准都是统一的（见表3-7）。

表3-7　主板、中小板与创业板上市条件对照

条件	主板、中小板	创业板
主体资格	依法设立且合法存续的股份有限公司	依法设立且持续经营三年以上的股份有限公司
经营年限	持续经营时间应当在3年以上（有限公司按原账面净资产值折股整体变更为股份公司可连续计算）	持续经营时间应当在3年以上（有限公司按原账面净资产值折股整体变更为股份公司可连续计算）
盈利要求	最近3个会计年度净利润均为正数且累计超过人民币3000万元，净利润以扣除非经常性损益前后较低者为计算依据 最近3个会计年度经营活动产生的现金流量净额累计超过人民币5000万元；或者最近3个会计年度营业收入累计超过人民币3亿元 最近一期不存在未弥补亏损	最近两年连续盈利，最近两年净利润累计不少于1000万元，且持续增长 或者最近一年盈利，且净利润不少于500万元，最近一年营业收入不少于5000万元，最近两年营业收入增长率均不低于30% 净利润以扣除非经常性损益前后孰低者为计算依据（注：上述要求为选择性标准，符合其中一条即可）
资产要求	最近一期末无形资产（扣除土地使用权、水面养殖权和采矿权等后）占净资产的比例不高于20%	最近一期末净资产不少于2000万元
股本要求	发行前股本总额不少于人民币3000万元	企业发行后的股本总额不少于3000万元
主营业务要求	最近3年内主营业务没有发生重大变化	发行人应当主营业务突出。同时，要求募集资金只能用于发展主营业务

条件	主板、中小板	创业板
董事及管理层	最近3年内没有发生重大变化	最近2年内未发生重大变化
实际控制人	最近3年内实际控制人未发生变更	最近2年内实际控制人未发生变更
同业竞争	发行人的业务与控股股东、实际控制人及其控制的其他企业间不得有同业竞争	发行人与控股股东、实际控制人及其控制的其他企业间不存在同业竞争
关联交易	不得有显失公平的关联交易，关联交易价格公允，不存在通过关联交易操纵利润的情形	不得有严重影响公司独立性或者显失公允的关联交易
成长性/创新能力	无	发行人具有较高的成长性，具有一定的自主创新能力，在科技创新、制度创新、管理创新等方面具有较强的竞争优势 符合"两高五新"标准 高科技：企业拥有自主知识产权的 高增长：企业增长高于国家经济增长，高于行业经济增长 新经济：互联网与传统经济的结合；移动通信；生物医药 新服务：新的经营模式 新能源：可再生能源的开发利用，资源的综合利用 新材料：提高资源利用效率的材料；节约资源的材料 新农业：具有农业产业化；提高农民就业、收入
募集资金用途	应当有明确的使用方向，原则上用于主营业务	应当具有明确的用途，且只能用于主营业务
限制行为	发行人的经营模式、产品或服务的品种结构已经或者即将发生重大变化，并对发行人的持续盈利能力构成重大不利影响 发行人的行业地位或发行人所处行业的经营环境已经或者即将发生重大变化，并对发行人的持续盈利能力构成重大不利影响	发行人的经营模式、产品或服务的品种结构已经或者即将发生重大变化，并对发行人的持续盈利能力构成重大不利影响 发行人的行业地位或发行人所处行业的经营环境已经或者即将发生重大变化，并对发行人的持续盈利能力构成重大不利影响

条件	主板、中小板	创业板
限制行为	发行人最近一个会计年度的营业收入或净利润对关联方或者存在重大不确定性的客户存在重大依赖 发行人最近一个会计年度的净利润主要来自合并财务报表范围以外的投资收益 发行人在用的商标、专利、专有技术以及特许经营权等重要资产或技术的取得或者使用存在重大不利变化的风险 其他可能对发行人持续盈利能力构成重大不利影响的情形	发行人在用的商标、专利、专有技术以及特许经营权等重要资产或者技术的取得或者使用存在重大不利变化的风险 发行人最近一年的营业收入或净利润对关联方或者有重大不确定性的客户存在重大依赖 发行人最近一年的净利润主要来自合并财务报表范围以外的投资收益
违法行为	最近36个月内未经法定机关核准，擅自公开或者变相公开发行过证券，或者有关违法行为虽然发生在36个月前，但目前仍处于持续状态；最近36个月内无其他重大违法行为	发行人最近3年内不存在损害投资者合法权益和社会公共利益的重大违法行为；发行人及其股东最近3年内不存在未经法定机关核准，擅自公开或者变相公开发行证券，或者有关违法行为虽然发生在3年前，但目前仍处于持续状态的情形
发审委	设主板发行审核委员会，人数为25人	设创业板发行审核委员会，加大行业专家委员的比例，委员与主板发审委委员不互相兼任
初审征求意见	征求省级人民政府、国家发改委意见	无
保荐人持续督导	首次公开发行股票的，持续督导的期间为证券上市当年剩余时间及其后2个完整会计年度；上市公司发行新股、可转换公司债券的，持续督导的期间为证券上市当年剩余时间及其后2个完整会计年度。持续督导的期间自证券上市之日起计算	在发行人上市后3个会计年度内履行持续督导责任
创业板其他要求	无	发行人的经营成果对税收优惠不存在严重依赖 在公司治理方面参照主板上市公司从严要求，要求董事会下设审计委员会，并强化独立董事履职和控股股东责任

续表

条件	主板、中小板	创业板
创业板其他要求	无	要求保荐人对公司成长性、自主创新能力作尽职调查和审慎判断，并出具专项意见 要求发行人的控股股东对招股说明书签署确认意见 要求发行人在招股说明书显要位置做出风险提示，内容为"本次股票发行后拟在创业板市场上市，该市场具有较高的投资风险。创业板公司具有业绩不稳定、经营风险高等特点，投资者面临较大的市场波动风险，投资者应充分了解创业板市场的投资风险及本公司所披露的风险因素，审慎作出投资决定" 不要求发行人编制招股说明书摘要

第一，国内主板首次公开发行上市的主要条件。根据《证券法》《股票发行与交易管理暂行条例》和《首次公开发行股票并上市管理办法》的有关规定，首次公开发行股票并上市的有关条件与具体要求如下：

主体资格：A 股发行主体应是依法设立且合法存续的股份有限公司；经国务院批准，有限责任公司在依法变更为股份有限公司时，可以公开发行股票。

公司治理：发行人已经依法建立健全的股东大会、董事会、监事会、独立董事、董事会秘书制度，相关机构和人员能够依法履行职责；发行人董事、监事和高级管理人员符合法律、行政法规和规章规定的任职资格；发行人的董事、监事和高级管理人员已经了解与股票发行上市有关的法律法规，知悉上市公司及其董事、监事和高级管理人员的法定义务和责任；内部控制制度健全且被有效执行，能够合理保证财务报告的可靠性、生产经营的合法性、营运的效率与效果。

独立性：应具有完整的业务体系和直接面向市场独立经营的能力；资产应当完整；人员、财务、机构以及业务必须独立。

同业竞争：与控股股东、实际控制人及其控制的其他企业间不得有同业竞争；募集资金投资项目实施后，也不会产生同业竞争。

关联交易：与控股股东、实际控制人及其控制的其他企业间不得有显失公平的关联交易；应完整披露关联方关系并按重要性原则恰当披露关联交易，关联交易价格公允，不存在通过关联交易操纵利润的情形。

财务要求：发行前三年的累计净利润超过3000万元；发行前三年累计净经营性现金流超过5000万元或累计营业收入超过3亿元；无形资产与净资产比例不超过20%；过去三年的财务报告中无虚假记载。

股本及公众持股：发行前不少于3000万股；上市股份公司股本总额不低于人民币5000万元；公众持股至少25%；如果发行时股份总数超过4亿股，发行比例可以降低，但不得低于10%；发行人的股权清晰，控股股东、受控股股东和实际控制人支配的股东持有的发行人股份不存在重大权属纠纷。

其他要求：发行人最近三年内主营业务和董事、高级管理人员没有发生重大变化，实际控制人没有发生变更；发行人的注册资本已足额缴纳，发起人或者股东用作出资的资产产权转移手续已办理完毕，发行人的主要资产不存在重大权属纠纷；发行人的生产经营符合法律、行政法规和公司章程的规定，符合国家产业政策；最近三年内不得有重大违法行为。

第二，中小板首次公开发行上市的财务与股本条件如下：

股本条件：发行前股本总额不少于人民币3000万元；发行后股本总额不少于人民币5000万元。

财务条件：最近3个会计年度净利润均为正且累计超过人民币3000万元；最近3个会计年度经营活动产生的现金流量净额累计超过人民币5000万元；或者最近3个会计年度营业收入累计超过人民币3亿元；最近一期期末无形资产占净资产的比例不高于20%；最近一期期末不存在未弥补亏损。

第三，创业板上市的财务及股本条件如下：

股本条件：IPO后总股本不得少于3000万元。

财务条件：发行人应当主要经营一种业务；最近两年连续盈利，最近两年净利润累计不少于1000万元且持续增长或者最近一年盈利且净利润不少于500万元，最近一年营业收入不少于5000万元，最近两年营业收入增长率均不低于30%；发行前净资产不少于2000万元。

2）暂停股票交易、终止股票。

在暂停股票交易、终止股票上市方面，《证券法》《公司法》都对暂停股票交易或终止股票上市做出了具体的规定，这些规定和条件与国外成熟证券市场的相关规定基本一致。概括来说，上市公司有下列情形之一的，由国务院证券监督管理机构决定暂停其股票上市（具体细则见表3-8、表3-9）：

第一，公司股本总额、股权分布等发生变化不再具备上市条件；第二，公司不按规定公开其财务状况，或者对财务会计报告作虚假记载；第三，公司有重大违法行为；第四，公司最近三年连续亏损。

表3-8 深圳证券交易所的退市简表

标准	暂停上市 主板	暂停上市 中小企业板	暂停上市 创业板	终止上市 主板	终止上市 中小企业板	终止上市 创业板
连续亏损	三年	三年	三年	四年或被暂停上市后未在法定期限内披露首个年报	四年或被暂停上市后未在法定期限内披露首个年报	四年或被暂停上市后未在法定期限内披露首个年报
净资产为负	—	—	一年	两年（或净资产虽为正但扣除非经常性损益后净利润为负）或被暂停上市后未在法定期限内披露首个年报	两年（或净资产虽为正但扣除非经常性损益后净利润为负）或被暂停上市后未在法定期限内披露首个年报	两年或被暂停上市后未在法定期限内披露首个年报
营业收入低于1000万元	三年	三年	—	四年或被暂停上市后未在法定期限内披露首个年报	四年或被暂停上市后未在法定期限内披露首个年报	—
审计报告为否定或无法表示意见	两年	两年	两年	三年或被暂停上市后未在法定期限内披露首个年报	三年或被暂停上市后未在法定期限内披露首个年报	两年半
未改正财务会计报告中的重大差错或虚假记载	四个月	四个月	四个月	六个月	六个月	六月
未在法定期限内披露年度报告或中期报告	四个月	四个月	两个月	六个月	六个月	三月
连续120个交易日股票累计成交量过低	—	—	—	连续120个交易日累计成交量低于500万股	连续120个交易日累计成交量低于300万股	连续120个交易日累计成交量低于100万股
连续20个交易日每日收盘价均低于每股面值	—	—	—	连续20个交易日每日收盘价均低于每股面值	连续20个交易日每日收盘价均低于每股面值	连续20个交易日每日收盘价均低于每股面值
连续20个交易日股权分布不符合上市条件	方案公布后六个月仍不符合上市条件	方案公布后六个月仍不符合上市条件	方案公布后六个月仍不符合上市条件	暂停上市后六个月仍不符合上市条件	暂停上市后六个月仍不符合上市条件	暂停上市后六个月仍符合上市条件

续表

标准	暂停上市			终止上市		
	主板	中小企业板	创业板	主板	中小企业板	创业板
公司股本总额发生变化不再具备上市条件	一旦发生，即暂停上市	一旦发生，即暂停上市	在本所规定的期限内不能达到上市条件，即暂停上市	在本所规定的期限内仍不能达到上市条件	在本所规定的期限内仍不能达到上市条件	在本所规定的期限内仍不能达到上市条件
宣告破产	—	—	—	被法院宣告破产	被法院宣告破产	被法院宣告破产
公司解散	—	—	—	公司因故解散	公司因故解散	公司因故解散
36个月累计受到交易所公开谴责3次	—	—	—	—	36个月内3次	36个月内3次
未在规定期限内补充恢复上市申请材料	—	—	—	未能在30个交易日内补交恢复上市申请材料	未能在30个交易日内补提申请材料	未能在30个交易日内补充提交恢复上市申请材料
因连续亏损数暂停上市后，提出恢复上市申请的基准年度其扣除非经常性损益前后的净利润执孰低为负	—	—	—	提出恢复上市申请的基准年度扣除非经常性损益前、后的净利润孰低为负	提出恢复上市申请的基准年度扣除非经常性损益前、后的净利润孰低为负	提出恢复上市申请经扣除非经常性损益前、后的净利润孰低为负
因财务指标类型被暂停上市后，提出恢复上市申请的基准年度被出具否定意见或无法表示意见	—	—	—	提出恢复上市申请的基准年度被出具否定或无法表示意见	提出恢复上市申请的基准年度被出具否定或无法表示意见	提出恢复上市申请的基准年度被出具非标准审计意见

表 3-9 上交所的退市简表

标准	退市风险警示处理	暂停上市	终止上市	备注
连续亏损	两年	三年	四年	—
因财务指标触及规定的标准被暂停上市后，不能在法定期限内披露最近一年的年度报告			因净利润、净资产、营业收入或者审计意见类型等财务指标触及规定的标准被暂停上市后，不能在法定期限内披露最近一年的年度报告	扩大未在法定期限内披露年度报告指标的适用范围
净资产连续为负	一年	—	两年	新增
营业收入连续低于1000万元	两年	三年	四年	新增
年度财务报告连续被会计师事务所出具否定意见或无法表示意见	一年	两年	三年	新增
因财务指标触及规定的标准被暂停上市后，最近一年的财务报告被会计师事务所出具无法出具意见或否定意见			因净利润、净资产、营业收入或者审计意见类型等财务指标触及规定的标准被暂停上市后，最近一年的财务报告被会计师事务所出具无法表示意见或否定意见	新增
未改正财务会计报告中的重大差错或虚假记载	两个月	四个月	六个月	—
未在法定期限内披露年度报告或中期报告	两个月	四个月	六个月	—
成交量（不适用于仅发行B股的上市公司）	—	—	连续120个交易日（不含停牌交易日）累计股票成交量低于500万股	新增
收盘价（不适用于仅发行B股的上市公司）	—	—	连续30个交易日（不含停牌交易日）每日收盘价均低于股票面值	新增
扣除非经常性损益前后的净利润孰低者为负	—	—	因净资产指标被予以退市风险警示，或者因净利润指标被暂停上市后，其后一年扣除非经常性损益前后的净利润孰低者为负	新增

续表

标准	退市风险警示处理	暂停上市	终止上市	备注
股本总额发生变化不具备上市条件	—	自规定期限届满的下一个交易日	在本所规定的期限内仍不能达到上市条件	
股权分布不具备上市条件	披露本所同意其解决方案公告后的下一个交易日	披露公告后六个月内股权分布仍不具备上市条件	暂停上市六个月内股权分布仍不具备上市条件	—
以终止上市为目的回购股份或者要约收购后，股本总额、股权分布不具备上市条件			公司披露收购结果公告或其他相关权益变动公告	
上市公司被吸收合并	—	—	上市公司被吸收合并	—
股东大会在公司股票暂停上市期间作出终止上市的决定			股东大会作出终止上市决定	
公司解散	披露可能被解散公告后的下一交易日	—	股东大会作出解散决议	—
公司被法院宣告破产	披露法院受理申请裁定公告后的下一个交易日	—	法院宣告破产裁定书	—
公司暂停上市后未提出恢复上市申请	—	—	公司暂停上市后未提出恢复上市申请	—
公司暂停上市后未在规定期限提交补充说明或者相关材料			未在规定的30个交易日内提交补充说明或者相关材料	新增
公司暂停上市后恢复上市申请未被受理	—	—	公司暂停上市后恢复上市申请未被受理	—
公司暂停上市后恢复上市申请未获同意	—	—	公司暂停上市后恢复上市申请未获同意	—

由于上述情形而被暂停其股票上市的股份有限公司中，如果有上述第二项、第三项情形之一的，又经查实后果严重的，由国务院证券监督管理机构决定终止其股票上市，就是将其排除出证券集中交易市场。若上市公司中有前面

所列第一项、第四项情形之一的，在其被暂停股票上市后，在限定的期限内又未能清除所列影响的，就演变成为不再具备上市的条件，这种情况下就由国务院证券监督管理机构决定终止其上市，也就是退出证券集中交易市场。在上市公司中，如果出现以下三种情况，即公司决议解散、公司被行政主管部门依法责令关闭、公司被宣告破产的，由于其上市的股票已失去发行主体，也就是公司已不存在，股票也就随之消失，对于这些公司上市交易的股票，需要由国务院证券监督管理机构决定终止其上市，退出证券集中交易市场。

3）退市制度。

在退市方面，2018年7月中国证监会颁布了《关于修改〈关于改革完善并严格实施上市公司退市制度的若干意见〉的决定》，随后2018年11月深交所和上交所双双发布了《上市公司重大违法强制退市实施办法》。中国证监会、深交所、上交所关于退市的规定基本一致（见表3-8、表3-9）。概括起来，一是对触及终止上市的违法情形重新认定，重点打击欺诈和信息披露违规行为；二是规定更严格，欺诈上市的公司不得再重新上市；三是效率更高，如重大违法退市暂停上市期由12个月缩短到6个月；四是程序更完善，充分尊重上市公司的申辩权，并对流程期限有着明确的规定。

（3）对不正当交易行为监管。

不正当股票交易行为是指违反股票市场公平、公开、公正和诚实信用的基本原则，破坏股票市场正常秩序的行为。各国有关股票交易法规所限制或禁止的行为主要包括对内幕交易的监管、市场操纵的监管、欺诈客户和虚假信息的监管。

1）中国股票市场内幕交易的监管。

①中国股票市场内幕交易监管法律法规体系。中国内幕交易立法建设伴随着证券市场的发展而发展，经历了从无到有、从松到严、从简单到实务具体的发展历程，形成了以《证券法》为行政法规、《中华人民共和国刑法》为刑事法规、《公司法》《上市公司信息披露管理办法》《上市公司建立内幕信息知情人登记管理制度的规定》等规章为重要补充的内幕交易法律法规制度体系（见表3-10）。这一历程经历了以下两个阶段。

表3-10 中国内幕交易监管的法律体系简况

颁布时间	法律法规名称	颁布机构/部门	法律法规类型
1990年10月	《证券公司管理暂行办法》	中国人民银行	市场自治
1990年11月	《上海市证券交易管理办法》	上海市人民政府	政府监管
1991年6月	《深圳市股票发行与交易管理暂行办法》	深圳市人民政府	政府监管

颁布时间	法律法规名称	颁布机构/部门	法律法规类型
1993 年 4 月	《股票发行与交易管理暂行条例》	国务院	政府监管
1993 年 9 月	《禁止证券欺诈行为暂行办法》	国务院	政府监管
1997 年 3 月	《证券市场禁入暂行规定》	证监会	政府监管
1997 年 10 月	《中华人民共和国刑法》	全国人大	法律规范
1997 年 12 月	《上市公司章程指引》	证监会	政府监管
1999 年 7 月	《中华人民共和国证券法》	国务院	法律规范
1999 年 8 月	《股票发行审核委员会条例》	证监会	政府监管
1999 年 12 月	《中华人民共和国公司法》	国务院	法律规范
2002 年 11 月	《公开发行证券的公司信息披露内容与格式准则》	证监会	政府监管
2004 年 8 月	《关于规范境内上市公司所属企业到境外上市有关问题的通知》	证监会	政府监管
2004 年 12 月	《关于加强社会公众股股东权益保护的若干规定》	证监会	政府监管
2006 年 1 月	《中华人民共和国证券法》修订	国务院	法律规范
2006 年 1 月	《中华人民共和国公司法》修订	国务院	法律规范
2007 年 5 月	《内幕交易行为认定指引》《证券市场操纵行为认定指引》	证监会	政府监管
2009 年 2 月	《中华人民共和国刑法》修订	全国人大	法律规范
2010 年 5 月	《关于公安机关管辖的刑事案件立案追诉标准的规定（二）》	检察院、公安部	法律规范
2010 年 11 月	《关于依法打击和防控资本市场内幕交易的意见》	证监会、公安部、监察部、国资委、预防腐败局	政府监管
2011 年 7 月	《关于审理证券行政处罚案件证据若干问题的座谈会纪要》	最高人民法院	法律规范
2011 年 10 月	《关于上市公司建立内幕信息知情人登记管理制度的规定》	证监会	政府监管
2012 年 6 月	《最高人民法院、最高人民检察院关于办理内幕交易、泄露内幕信息刑事案件具体应用法律若干问题的解释》	最高人民法院、最高人民检察院	法律规范
2013 年 12 月	《关于进一步加强资本市场中小投资者合法权益保护工作的意见》	国务院	法律规范
2014 年 8 月	《中华人民共和国证券法》修订	全国人大	法律规范

资料来源：根据鲍丽燕（2014）、张超（2014）等相关资料整理而成。

中国股票市场内幕交易立法的初级阶段：1990 年 10 月，中国人民银行发布的《证券公司管理暂行办法》（以下简称 1990《办法》）第十七条，该条规定"证券公司不得从事操纵市场价格、内部交易、欺诈和其他以影响市场行情从中渔利的行为和交易"。这是中国有史以来第一个以行政法规的形式禁止内幕交易的规章制度。1990 年 11 月，《上海市证券交易管理办法》（以下简称 1990 上交所《办法》）出台，其中第三十九条规定"禁止任何部门和个人利用内幕消息从事证券交易"，违反这一规定，可处以 5 万元以上 10 万元以下的罚款，情节严重的，可处以 10 万元以上 20 万元以下的罚款。1991 年 6 月，《深圳市股票发行与管理暂行办法》（以下简称 1991 深交所《办法》）第四十三条第（四）项规定"禁止利用内幕消息从事证券买卖"。1990《办法》、1990 上交所《办法》、1991 深交所《办法》构成了中国内幕交易的立法雏形。

伴随中国证券市场的快速发展，中国内幕交易立法进一步加强。1993 年 4 月 22 日，国务院颁布了《股票发行与交易管理暂行条例》（以下简称 1993《条例》），标志着中国正式立法规范内幕交易行为。1993《条例》对内幕交易中的重要概念、禁止的内幕交易行为、内幕交易的法律责任以及防范内幕交易的内容均做出了规定。1993《条例》从基本原则和宏观层面规定了反内幕交易的基本制度，为中国反内幕交易法律制度的构建奠定了基础。1993 年 9 月 22 日，证监会颁布了《禁止证券欺诈行为暂行办法》（以下简称 1993 证监会《办法》），进一步对内幕交易各方面的内容作出了明确具体的规定。

1993《条例》和 1993 证监会《办法》的颁布初步勾画出了中国反内幕交易的制度框架，成为反内幕交易的基本法律制度。但中国证券市场处于起步发展初期，反内幕交易的立法也处于摸索阶段，以 1993《条例》和 1993 证监会《办法》构成的内幕交易法律框架和内容还过于笼统、可操作性较差。

中国股票市场内幕交易立法完善与确立阶段：1997 年 3 月 3 日，中国证监会发布了《证券市场禁入暂行规定》，同年 12 月 16 日发布了《上市公司章程指引》，1999 年 8 月 19 日又发布了《股票发行审核委员会条例》，上述三者均对内幕交易有所规定。

1997 年 10 月修订并生效的《中华人民共和国刑法》（以下简称 1997《刑法》）纳入了证券欺诈条款，其中第一百八十条规定"证券交易内幕信息的知情人员或者非法获取证券交易内幕信息的人员，在涉及证券的发行、交易或者其他对证券的价格有重大影响的信息尚未公开前，买入或者卖出该证券，或者泄露该信息，情节严重的，处五年以下有期徒刑或者拘役，并处或者单处违法所得一倍以上五倍以下罚金，情节特别严重的，处五年以上十年以下有期徒刑，并处违法所得一倍以上五倍以下罚金。单位犯前款罪的，对单位判处罚金，并对其直接负责的主管人员和其他直接责任人员，处五年以下有期徒刑或者拘役"。1997《刑法》第一次以基本法的形式规定证券内幕交易为刑事犯罪行为，并规定了其刑事责任，为打击内幕交易提供了强有力的法律工具。

1999 年 7 月 1 日颁布生效的《证券法》（以下简称 1999《证券法》）对内幕交易立法的指导思想和基本原则、内幕交易的构成要素、内幕交易预防体系以及监管机构设置等方面均做出了详细具体的规定。其中，第六十七条规定"禁止内幕信息知情人员利用内幕信息进行证券交易活动"；第六十八条、第六十九条分别规定了内幕人员的范围和内幕信息的定义；第七十条规定"知悉内幕信息的知情人员或者非法获取内幕信息的人员，不得交易所持有的该公司的证券，不得泄露该信息，也不得建议他人买卖该证券"；第一百八十三条规定"对进行内幕交易行为的，责令依法处理非法获得的证券，没收违法所得，并处以违法所得一倍以上五倍以下或者非法买卖证券等值以下的罚款。构成犯罪的，依法追究其刑事责任"。

1999 年 12 月 25 日生效的《公司法》（以下简称 1999《公司法》）对内幕交易也作出了相关规定。例如，第四章第二节第一百四十七条明确规定"公司董事、监事、经理应当向公司申报所持有的本公司股份，并在任职期间内不得转让"。这也就意味着，公司内部人在任职期间交易其持有的本公司股票已属违法行为。

进入 2000 年，中国证券市场迅猛发展，为适应新形势对内幕交易监管的要求，中国证监会陆续发布了一些与内幕交易有关的规定和管理办法，对1993《条例》、1999《公司法》、1999《证券法》中的有关内幕交易的内容进行强调、补充与完善。譬如，中国证监会 2002 年 11 月发布的《公开发行证券的公司信息披露内容与格式准则》（第 15 号）、2004 年 8 月颁布的《关于规范境内上市公司所属企业到境外上市有关问题的通知》、2004 年 12 月颁布的《关于加强社会公众股股东权益保护的若干规定》。

2005 年对 1999《证券法》进行修订，于 2006 年 1 月 1 日开始实施新的《中华人民共和国证券法》（以下简称 2006《证券法》）。2006《证券法》对内幕交易行为及其管制进行了集中的规定，使内幕交易的监管法规更加完善和科学合理。其中，第七十三条规定"禁止证券交易内幕信息知情人及非法获取内幕信息的当事人利用内幕信息进行证券交易活动"；第七十四条规定了内幕信息知情人的范围；第七十五条和第七十六条规定了内幕信息的范围；第七十六条规定"证券交易内幕信息的知情人及非法获取内幕信息的当事人，在内幕信息公开前，不得交易该公司的证券，不得泄露该信息，也不得建议他人买卖该证券"；第二百零二条规定了内幕交易的法律责任。

　　2006 年 1 月 1 日修改后的《公司法》（以下简称 2006《公司法》）生效。和 1999《公司法》相比，2006《公司法》与内幕交易有关的规定发生了较大变化。例如，2006《公司法》第五章第二节第一百四十二条对内部人持股交易的规定。

　　2007 年，中国证监会又颁布了《上市公司董事、监事和高级管理人员所持本公司股份及其变动管理规则》和《限制证券买卖实施办法》。《证券市场内幕交易行为认定指引》与《证券市场操纵行为认定指引》也已开始在证监会内部试行。

　　2009 年 2 月 28 日，全国人大常委通过对 1997《刑法》的修订（以下简称 2009《刑法》），2009《刑法》在 1997《刑法》的第一百八十条关于内幕交易的规定中另增了第四款条例："证券交易所、期货交易所、证券公司、期货经纪公司、基金管现公司、商业银行、保险公司等金融机构的从业人员以及有关监管部门或者行业协会的工作人员，利用因职务便利获取的内幕信息以外的其他未公开的信息，违反规定，从事与该信息相关的证券、期货交易活动，或者明示、暗示他人从事相关交易活动，情节严重的，依照第一款的规定处罚。"

　　进入 2010 年后，中国证监会及其各部委协调联合起来加强对内幕交易监管的力度。2010 年 5 月，最高检、公安部联合颁布了《最高人民检察院、公安部关于公安机关管辖的刑事案件立案追诉标准的规定（二）》，对刑法第一百八十条"情节严重""情节特别严重"进行了解释，明确内幕交易涉嫌下列情形之一的，应予立案追诉：第一，证券交易成交额累计在五十万元以上的；第二，期货交易占用保证金数额累计在三十万元以上的；第三，获利或避免损失数额累计在十五万元以上的；第四，多次进行内幕交易、泄露内幕信息的。同年 11 月 16 日，国务院发布了《国务院办公厅转发证监会等部门关于依法打击和防控资本市场内幕交易意见的通知》，（国办发〔2010〕55 号）、《关于依法打击和防控资本市场内幕交易的意见》，对依法打击和防控资本市场内幕交易提出指导意见并作出总体部署。2011 年 7 月 13 日，最高人民法院会同有关部门印发了《关于审理证券行政处罚案件证据若干问题的座谈会纪要》，该纪要加强了内幕交易人员的举证责任。

　　为进一步完善内幕交易的规制，中国证监会于 2011 年 10 月 25 日出台了《关于上市公司建立内幕信息知情人登记管理制度的规定》，界定了证监会内部的内幕信息、内幕信息知情人的范围；规定了内幕信息登记、流转的流程；明确了内幕信息保密的具体要求。这些规章指引进一步为内幕交易行为的规制提供了法律依据，为实践内幕交易规制提供了指导，也使反内幕交易的内涵不断丰富更新。

2012 年 6 月 1 日，《最高人民法院、最高人民检察院关于办理内幕交易、泄露内幕信息刑事案件具体应用法律若干问题的解释》开始实施。这是最高两院针对证券、期货犯罪出台的第一部司法解释。该法规对非法获取内幕信息人员、相关交易行为明显异常、内幕交易情节等重大问题做出了详细解释，这一司法解释的出台为内幕交易在司法实践中的应用提供了重要依据。

2013 年 12 月 25 日，国务院印发《关于进一步加强资本市场中小投资者合法权益保护工作的意见》，对中国资本市场中小投资者保护以及执法监管提出了纲领性要求，其中第三条意见专门提到要维护中小投资者的知情权，该意见成为今后一段时期打击内幕交易、维护中小投资者合法利益的纲领性文件。

2014 年 8 月 31 日，中华人民共和国第十二届全国人民代表大会常务委员会第十次通过了最新修改的《证券法》（以下简称 2014《证券法》）。此次最新修改幅度较小，主要修改了五处，把向证监机构报送改为了公告制度，同时取消了与此相关的一些行政审批手续。尽管未涉及内幕交易监管条款的变动，但2014《证券法》所修订的条款对提升内幕交易监管效率具有积极作用。

另外，目前国务院法制办仍在不遗余力地推进中国证监会于 2007 年 9 月 7 日报送国务院审议的《上市公司监督管理条例（征求意见稿）》。该条例被称为上市公司监管"基本法"的条例，是上市公司的"紧箍咒"，目的在于解决目前上市公司监管中存在的难点和突出问题，完善对上市公司的监管手段。《条例》对四方面内容作了规定：一是上市公司信息披露方面，在信息披露的方式、义务人、相关主体应该履行的责任等方面进一步细化。二是公司治理方面，对公司治理相关内容进一步具体化，尤其对大股东和实际控制人做了专章规定。三是中小投资者权益保护方面。从股东承诺履行、强制分红等方面作出规定，加大了对中小投资者权益保护。四是责任承担方面，明确了对违反相关规定应该承担的责任等。

至此，中国形成了相对完善的反内幕交易法律体系，呈现出市场自治、政府监管、法律规范等多种形式综合运用的局面。

②中国股票市场内幕交易的监管构架现状分析。随着中国证券市场的发展，中国证券市场的内幕交易监管组织构架也不断调整适应新环境和新形势的要求，经历了由地方政府监管向国家统一监管的历程，形成了中国证监会为市场的主管机关、证券交易所为市场的一线监管机构、证券业协会为行业自律组织体系的监管架构。

地方政府监管阶段：1993 年 7 月 7 日出台的《证券交易所管理暂行办法》明确规定由地方政府监管证交所，即地方政府承担证券市场内幕交易监管的职能；1995 年国家规定中国证监会和地方政府一同监管证交所。中国证券市场内幕交易的监管进入了短暂的国家与地方共同监管的组织框架。

国家统一管理：1996 年 8 月 21 日颁布的《证券交易所管理办法》首次明确规定证交所由中国证券监督管理委员监管；1997 年 8 月，国务院决定中国证券监督管理委员直接管理证交所，地方政府完全撤出；1998 年国务院决定进一步改革证券管理体制，地方政府不再参与证券市场的管理，由中国证监会负责全国市场的统一管理；1999 年 7 月 1 日颁布生效的《证券法》（后文简称 1999《证券法》）首次以法律形式指出，国务院证券监督管理机构对全国证券市场实行集中监管。至此，中国证券市场的内幕交易监管形成了中国证监会为市场的主管机关，以证券交易所为市场的一线监管机构的监管构架。

随着证券市场的发展，为进一步提升证券市场监管效率，2007 年 11 月 16 日成立了中国证监会行政处罚委员会、中国证监会稽查总队。中国证监会行政处罚委员会合并原有的稽查一局、二局为稽查局，并设立了办公室，即首席稽查办公室。中国证监会稽查总队的主要职责为，承办证券期货市场重大、紧急、跨区域案件以及上级批办的其他案件。总队内设 20 个职能处室，其中调查一处至调查十五处负责证券期货市场内幕交易、市场操纵、虚假陈述、欺诈发行等重大、紧急、敏感及跨区域案件的调查，15 个调查处分别由 5 个调查大队负责协调；内审一处、二处交叉分工，负责总队各调查处提交的调查终结案件的内审复核工作；技术支持处负责案件调查电子取证、信息协查、稽查办案技术支持系统开发等相关技术服务工作。至此，中国证券执法体制初步形成，不仅实现了证券执法的集中高效管理，而且稽查力量将翻番。2012 年 12 月 30 日，稽查总队又批准设立第六支队、第七支队，证券执法力量进一步得到扩充。

证券业协会的自律管理：1991 年 8 月 28 日，依据《证券法》和《社会团体登记管理条例》的有关规定，中国证券业协会正式成立。中国证券业协会是非营利性社会团体法人，也是接受中国证监会和国家民政部的业务指导和监督管理的证券业自律性组织。中国证券业协会在中国证监会的监督指导下，团结和依靠全体会员，切实履行"自律、服务、传导"三大职能，在推进行业自律管理、反映行业意见建议、改善行业发展环境等方面发挥了行业自律组织应有的作用。2011 年 6 月 24 日，中国证券业协会第五次会员大会审议通过了《中国证券业协会章程》，进一步强化了自律管理的职能。中国证券业协议的自律管理构成了中国证券市场内幕交易监管的重要补充。

2）中国股票市场操纵的监管。

①股票市场操纵行为的界定。中国证监会于 1996 年 11 月颁布了《关于严禁操纵证券市场行为的通知》，对操纵市场的行为进行了明确界定，证券市场

中的操纵市场行为是指个人或机构背离市场自由竞争和供求关系原则，人为地操纵证券价格，以引诱他人参与证券交易，为自己牟取私利的行为。根据正在试行的《证券市场操纵行为认定办法》这类行为包括以下九个方面：

连续交易操纵：《证券法》第七十七条第一款规定"单独或者通过合谋，集中资金优势、持股优势或者利用信息优势联合或者连续买卖，操纵证券交易价格或者证券交易量"，构成连续交易操纵。但是《证券法》未就"资金优势""持股优势""信息优势"的认定给出明确标准。为此，《证券市场操纵行为认定办法》明确规定，"资金优势"的标准是动用的资金量能够满足下列标准之一：在当期价格水平上，可以买入相关证券的数量，达到该证券总量的5%；在当期价格水平上，可以买入相关证券的数量，达到该证券实际流通总量的10%；买卖相关证券的数量，达到该证券当期交易量的20%；显著大于当期交易相关证券一般投资者的买卖金额。"持股优势"的标准是直接、间接、联合持有的股份数量符合下列标准之一：持有相关证券总量的5%；持有相关证券实际流通总量的10%；持有相关证券的数量，大于当期该证券交易量的20%；显著大于相关证券一般投资者的持有水平。"信息优势"的标准是指，当事人能够比市场上的一般投资者更方便、更及时、更准确、更完整、更充分地了解相关证券的重要信息。

约定交易操纵：《证券法》第七十七条第二款规定"与他人串通，以事先约定的时间、价格和方式相互进行证券交易，影响证券交易价格或者证券交易量"，构成约定交易操纵。《证券市场操纵行为认定办法》进一步细化"约定的时间"包括某一时点附近、某一时期之内或某一特殊时段；"约定的价格"包括某一价格附近、某种价格水平或某一价格区间；"约定的方式"包括买卖申报、买卖数量、买卖节奏、买卖账户等各种与交易相关的安排。

自买自卖操纵：《证券法》第七十七条第三款规定"在自己实际控制的账户之间进行证券交易，影响证券交易价格或者证券交易量"，构成自买自卖操纵。《证券市场操纵行为认定办法》进一步细化"自己实际控制的账户"包括当事人拥有、管理、使用的账户。

蛊惑交易操纵：指操纵市场的行为人故意编造、传播、散布虚假重大信息，误导投资者的投资决策，使市场出现预期中的变动而自己获利。由于证券市场变幻莫测，操纵者手段也是千变万化，很难通过立法全部归纳总结，所以《证券法》第七十七条第一款第四项规定"以其他手段操纵市场"这一概况。

抢先交易操纵：是指行为人对相关证券或其发行人、上市公司公开作出评价、预测或者投资建议，自己或建议他人抢先买卖相关证券，以便从预期的市场变动中直接或者间接获取利益的行为。

虚假申报操纵：是指行为人持有或者买卖证券时，进行不以成交为目的的频繁申报和撤销申报，制造虚假买卖信息，误导其他投资者，以便从期待的交易中直接或间接获取利益的行为。

特定价格操纵：是指行为人通过拉抬、打压或者锁定手段，致使相关证券的价格达到一定水平的行为。理解此种操纵手段，要首先明确两组术语：一是"特定价格"，二是"拉抬、打压或者锁定"。"特定价格"是指以相关证券某一时点或某一时期内的价格作为交易结算价格，某些资产价值的计算价格，以及证券或资产定价的参考价格。具体操作中，可依据法律、行政法规、规章、业务规则的规定或者依据发行人、上市公司、相关当事人的协议内容进行认定。"拉抬、打压或者锁定"是指行为人以高于市价的价格申报买入致使证券交易价格上涨，或者以低于市价的价格申报卖出致使价格下跌，或通过买入或者卖出申报致使证券交易价格形成虚拟的价格水平。同时满足以下三个条件可认定为特定价格操纵：相关证券某一时点或时期的价格为参考价格、结算价格或者资产价值的计算价格；行为人具有拉抬、打压或锁定证券交易价格的行为；致使相关证券的价格达到一定水平。

尾市交易操纵：是指在收市阶段，通过拉抬、打压或者锁定等手段，操纵证券收市价格的行为。具有下列情形的可认定为尾市交易操纵：交易发生在收市阶段；行为人具有拉抬、打压或锁定证券交易价格的行为；证券收市价格出现异常；行为人的行为是证券收市价格变动的主要原因。

开盘价格操纵：是指在集合竞价时段，通过"抬高、压低或者锁定"等手段，操纵开盘价的行为。

②股票市场操纵的法律责任。

民事责任：依据我国《中华人民共和国民法通则》第一百三十四条的规定，承担民事责任的方式主要有：（一）停止侵害；（二）排除妨碍；（三）消除危险；（四）返还财产；（五）恢复原状；（六）修理、重作、更换；（七）赔偿损失；（八）支付违约金；（九）消除影响、恢复名誉；（十）赔礼道歉。在这十种承担民事责任的方式中，前四种实际上是物权效力的体现，即物上请求；"恢复原状"是侵权行为人应承担的民事损害赔偿责任中的一种；"修理、重作、更换"这一条实际是适用于合同关系，特别是买卖、加工承揽等合同关系的民事责任形式；"赔偿损失"这种民事损害赔偿责任方式，既可以适用于侵权责任也可以适用于合同责任，是适用范围最广泛的一种民事责任形式；"支付违约金"只适用于合同责任；"消除影响、恢复名誉"与"赔礼道歉"是适用于人身权受到侵害的当事人提供的民事救济措施。就操纵市场行为的民事责任而言，显然除恢复原状、赔偿损失及支付违约金以外，其他的民事责任的方式都无法适用。而在能够适用的这三种民事责任中，最重要的民事责任方式就是损害赔偿，即赔偿损失与恢复原状。

刑事责任：我国刑法第一百八十二条规定，对构成操作证券交易价格罪的处五年以下有期徒刑或者拘役，并处或者单处违法所得1倍以上5倍以下罚金。刑法第一百八十一条规定，对构成编造并传播证券交易虚假信息和诱骗投资者买卖证券罪的，处五年以下有期徒刑或者拘役，并处或者单处一万元以上十万元以下罚金。香港《证券条例》一百二十九条规定，任何人违反第一百三十五条、一百三十六条、一百三十七条的任何规定，即构成犯罪，处五万港元以下罚款和两年以下监禁。

行政责任：行为人不仅要承担刑事、民事赔偿责任，还可能同时会承担被吊销营业执照，取消从业资格等行政处罚。行政处罚的具体内容大同小异，有警告、罚款、取消从业资格、吊销营业执照、责令停业整顿等。

3）欺诈行为和虚假信息。

①欺诈行为。欺诈行为是指在股票发行与交易中，采取欺骗手段，以诱使他人购买股票或进行股票卖出的交易。中国证监会发布的《禁止证券欺诈行为暂行办法》将欺诈客户行为分为十类：证券经营机构将自营业务和代理业务混合操作；证券经营机构违背被代理人的指令为其买卖证券；证券经营机构不按国家有关法规和证券交易所业务规则处理证券买卖委托；证券经营机构不在规定时间内向被代理人提供证券买卖书面确认书；证券登记、清算机构不按国家有关法规和本机构业务规则办理清算、交割、过户、登记手续等；证券登记清算机构擅自将顾客委托保管的证券用作抵押；证券经营机构以多获佣金为目的，诱导顾客进行不必要的证券买卖，或在客户的账户上翻炒证券；发行人或者发行人代理人将证券出售给投资者时未向其提供招募说明书；证券经营机构保证客户的交易收益或允诺赔偿客户投资损失；其他违背客户真实意思损害客户利益的行为。可见该办法对欺诈客户的行为主体规定得较为广泛，包括发行人及其代理人、证券经营机构，证券登记、结算机构等。

《证券法》对证券公司及其从业人员在证券交易中欺诈客户的行为作了规定，欺诈客户行为的种类包括：违背客户的委托为其买卖证券；不在规定时间内向客户提供交易的书面确认文件；挪用客户所委托买卖的证券或客户账户上的资金；私自买卖客户账户上的证券，或者假借客户的名义买卖证券；为牟取佣金收入，诱使客户进行不必要的证券买卖；其他违背客户真实意思表示，损害客户利益的行为。

《证券法》对不同行为主体欺诈客户行为的法律责任也作了规定：

首先，证券公司违背客户的寄托买卖证券办理交易事项，以及交易以外的其他事项，给客户造成损失的，依法承担赔偿责任，并处一万元以上十万元以下罚款。

其次，证券公司、证券登记结算机构及其从业人员，未经客户的委托，买卖、挪用、出借客户账户上的证券或者将客户账户上的证券用于质押的，责令改正，没收违法所得，处以违法所得1倍以上5倍以下罚款，并责令关闭或者吊销责任人员的从业资格证书。构成犯罪的，依法追究刑事责任。

再次，证券交易所、证券公司、证券登记结算机构、证券交易服务机构从业人员，证券业协会或者证券监督机构的工作人员，故意提供虚假资料，伪造、编造或者销毁文件记录，诱骗投资者买卖证券的，取消从业资格，并处三万元以上五万元以下的罚款，属于国家工作人员的，还应当给予行政处分。构成犯罪的，依法追究刑事责任。

最后，为证券的发行、上市以及证券交易活动出具审计报告、资产评估报告或者法律意见书等文件的专业机构，就其所应负责的内容弄虚作假的，没收违法所得，并由有关主管部门责令该机构停业，吊销直接责任人的资格证书。造成损失的，承担连带赔偿责任。构成犯罪的，依法追究刑事责任。

②虚假陈述和信息误导。证券市场虚假陈述，也称不实陈述，是指信息披露义务人违反证券法律规定，在证券发行或者交易过程中，对重大事件作出违背事实真相的虚假记载、误导性陈述，或者在披露信息时发生重大遗漏、不正当披露信息的行为。对于重大事件，应当结合《证券法》第五十九条、第六十条、第六十一条、第六十二条、第七十二条及相关规定的内容认定。虚假陈述包括以下四种类型：

虚假记载：是指信息披露义务人在披露信息时，将不存在的事实在信息披露文件中予以记载的行为。

误导性陈述：是指虚假陈述行为人在信息披露文件中或者通过媒体，作出使投资人对其投资行为发生错误判断并产生重大影响的陈述。

重大遗漏：是指信息披露义务人在信息披露文件中，未将应当记载的事项完全或者部分予以记载。

不正当披露：是指信息披露义务人未在适当期限内或者未以法定方式公开披露应当披露的信息。

虚假陈述和信息误导的行为人主要包括：国家工作人员、新闻传播媒介从业人员和有关人员；证券交易所、证券公司、证券登记结算机构、证券交易服务机构、社会中介机构及其从业人员；证券业协会、证券监督管理机构及其工作人员。

虚假陈述行为包括：发行人、证券经营机构在招募说明书、上市公告书、公司报告及其他文件中作出虚假陈述；律师事务所、会计师事务所、资产评估机构等专业性证券服务机构在其出具的法律意见书、审计报告、资产评估报告及参与制作的其他文件中作出虚假陈述；证券业协会或者其他证券业自律性组织作出对证券市场产生影响的虚假陈述；发行人、证券经营机构、专业性证券服务机构、证券业自律性组织在向证券监管部门提交的各种文件、报告和说明中作出虚假陈述；在证券发行、交易相关活动中的其他虚假陈述。

4
债券市场发展现状与现行监管制度

债券是一种金融契约，是政府、金融机构、工商企业等直接向社会借债筹借资金时，向投资者发行，同时承诺按一定利率支付利息并约定条件偿还本金的债权债务凭证。债券的本质是债的证明书，具有法律效力。债券购买者或投资者与发行者之间是一种债权债务关系，投资者（债券购买者）即债权人，债券发行人即债务人。债券是一种有价证券。由于债券的利息通常是事先确定的，所以债券是固定利息证券（定息证券）的一种。在金融市场发达的国家和地区，债券可以上市流通。在中国，比较典型的政府债券是国库券。

4.1　债券市场发展历程

我国债券市场的历史可追溯至 1950 年，经过近 70 年的发展，债券市场已经成为我国金融市场的重要支柱，在国际金融市场上也占有一席之地。回顾历史可以发现，我国债券市场在发行主体、交易主体、交易方式、债券品种等方面发生了深刻的变化，债券托管余额也增长到了 2018 年的 80 多万亿元。因此，从规模和结构上看，新中国成立以来，我国的债券市场取得了长足的发展和进步。

4.1.1　前市场阶段（1950~1980 年）

1950 年，为迅速恢复和发展经济，我国发行了第一只国债"人民胜利折实公债"，这也是中国国债发行的开端。为避免受物价波动的影响，此次公债发行时规定，募集和还本付息均以实物为计算标准，其单位定名为分（为天津、上海、汉口等6大城市的4种商品的加权平均价），第一期发行1亿元，年息5厘，于1956年11月全部偿清。此后，为了补充国家经济建设资金的不足，又于1954~1958年连续五次发行"国家经济建设公债"，总发行额为35.44亿元，年息4厘。该公债的发行对于实现社会主义改造，巩固和加强社会主义经济的物质基础起到了良好的促进作用。

1958年，经济秩序被"大跃进""浮夸风"打乱，相关部门对债券市场采取了否定的政策，决定停止发行国债或外债，并分别于1964年和1968年提前还清全部外债和内债，实现了所谓的"既无外债、也无内债"的国家。自此以后，在长达22年的时间里，中国从未发行过任何内债，这一时期成为中国债券市场发展历程上的一个空白。

4.1.2　场外柜台交易阶段（1981~1991年）

在20世纪80年代改革开放的基本国策确立之后，债券市场的经济功能才被重新重视起来，中国债券市场也进入了真正的发展阶段。

（1）国债市场发展。

1981年1月，我国颁布了《中华人民共和国国库券条例》，财政部开始恢复发行国债。在发行初期，国债主要采取行政摊派方式，由财政部直接向认购人出售，带有半摊派的性质。1981~1987年，国债发行规模较小，年均不到60亿元，大多为中长期国债（5~9年）。此外，在此期间没有一级、二级市场，是一个有债无市的历史阶段。

国债市场的真正形成要从1988年开始。1988年，为了满足改革和社会主义建设的资金需求，除国库券外，还发行了国家建设债券、财政债券、特种国债、保值国债等新品种债券。1988年开始尝试通过商业银行和邮政储蓄的柜台销售方式发行实物国债，国债一级市场开始出现，国债发行规模逐步扩大到284亿元，财政部在全国61个城市进行国债流通转让的试点，即通过银行柜台进行国债现券交易，这意味着国债二级市场初步形成。

1990年底上交所接受实物债券的托管，并在交易所开户进行记账式债券交易，这标志着我国形成了场内场外两个国债交易市场的格局。1991年初，我国将国债流通转让范围扩大到全国400个以上地级城市。自此，我国形成了以场外柜台交易为主、场内集中交易为辅的国债二级市场格局。同时，国债发行方式逐步由柜台销售、承购包销过渡到公开招标，国债期限以3年期和5年期为主。

（2）企业债市场发展。

我国企业债券最初是以企业通过内部集资或在社会上集资的形式出现的。1984~1986 年，通过这种方式形成的企业债券价值大约为 100 亿元。这一自发的企业行为客观上推动了企业债二级市场的发展，中国人民银行于 1986 年首先开办了企业债券的柜台转让业务。

1987 年，国务院颁布了《企业债券管理暂行条例》和《国务院关于加强股票债券管理的通知》，开始对企业债券进行统一管理。该条例规定，企业债券的发行管理机构为国家计委和中国人民银行，发行主体仅限于全民所有制企业，并对发现规模、债券面额、利率及资金用途做了限制规定。此后，由管理部门先编制当年企业债券的发行计划，再依计划来实施发行工作。国家计委于 1988 年成立债券处，专门负责编制企业债券发行计划和股票发行计划及对证券市场进行规范管理和制定有关政策。1990 年，国家计委和中国人民银行又颁布了企业债券额度申报制度和管理办法：规定企业发行债券必须通过地方计委和中国人民银行地方分行向国家计委和中国人民银行总行申报发行额度；由国家计委和中国人民银行编制年度证券发行计划，报国务院批准后下达各地执行；发行企业债券必须在国家计划之内，并且是符合国家产业政策的续建项目，新开工项目不得发债；还规定了其中的比例，技改项目发行总额不得超过总投资额的 30%，基建项目不得超过 20%，并不得超过自筹资金和预算内资金投资之和。自此以后，企业债券市场的发展得到了国家的支持，并被纳入国家宏观管理和产业发展的框架内。1987~1991 年我国企业债券实际发行额分别为：50 亿元、30 亿元、75 亿元、126 亿元和 213 亿元。

1982 年，中国国家信托投资公司在东京证券市场发行了外国金融债券，这也是我国第一只金融债券，此后，中国工商银行、中国农业银行、中国银行和中国建设银行相继发行了金融债券。1988 年开始部分非金融机构也发行了金融债券。

这一阶段，我国债券市场的品种以国债和企业债（包括金融债）为主，发行目的是为了弥补财政赤字，筹集建设资金和解决改革中的微观问题，而并不是站在发展中国债券市场的宏观视角出发的。从发行主体来看，主要以财政部为单一主体，即使是发行企业债也需要央行核准，银行担保，实质上仍是公债性质。从发行方式上来看，并不是市场发行，而是摊派分配为主。从债券市场的统一性来看，并没有建立全国统一市场，而是债券经营机构各自为战的松散结构。因此，这一阶段是我国债券市场发展的婴儿时期，市场发展的推动力并不是战略性的，而更多体现的是战术的需要和发展的偶然性上。

4.1.3 交易所交易阶段（1991~1997 年）

（1）国债市场发展。

1991 年，随着交易所的成立，债券交易重心逐渐转向交易所，从而形成了场内场外交易共存的局面，但此时场内交易市场并不成熟。1994 年，我国财税体制进行了改革，自此财政部不得不向中国人民银行透支借款，财政赤字也只能通过发行国债来弥补，因而国债发行规模迅速扩大；同时，国债品种和发行规模进一步增加，1994 年出现了半年期和 1 年期的短期国债。1995 年国债发行规模突破了 1000 亿元，同年，国债招标发行试点成功，国债发行利率才开始市场化。

1992 年 12 月 28 日，为了促进国债市场发展，上交所首次设计推出了 12 个品种的国债期货合约，但交易并不活跃。1994 年，在国债发行额大幅增加以及国债期货正式开放的情况下，交易所债券市场的债券现货交易开始明显活跃。1995 年 5 月，因为"3·27 国债事件"的发生，国债期货市场关闭，管理部门认为实物券流通中面临的问题是由于场外市场造成的，并于 8 月停止了一切场外债券交易。

1996 年，记账式国债在上海和深圳两个交易所同时大量发行，共计发行了 6 期总额为 1116.7 亿元的记账式国债，超过了当年国债发行量的一半。在此推动下，二级市场交易量也迅速扩大，1996 年交易所债券成交量较上年增长了 10 倍，其中上交所占比超过 95%。

从交易方式上，上交所和深交所先后开办了国债现券交易、国债期货交易、回购交易以及企业债现货交易，这极大丰富了我国债券市场的交易品种和交易方式。从监管层面上，建立了中国证券监督管理委员会，同时建立了中国国债协会及中国证券业协会两家自律监管机构。从基础设施建设上，建立了全国性的国债登记托管机构和交易所电子交易系统。这一阶段，我国债券市场不断正规化，交易品种逐渐丰富，交易方式也不断创新，但发行目的与交易目的却不匹配。发行目的仍然是宏观经济管理，交易目的却是主体为了逐利或满足自己的融资需求。

（2）企业债及其他债券市场发展。

1993 年初，国务院下达了 490 亿元的年度企业债券发行计划，但由于愈演愈烈的社会集资对国债发行的影响，国务院又于同年 4 月发出通知，要求在国债没有发行完之前，其他债券一律不得发行，并规定企业债券利率不得高于国债利率。但是，由于资金市场混乱导致银行资金大量拆借出去，国家重点建设项目资金短缺，同年 7 月国务院又决定将企业债券部分转为新增银行贷款来解决，这一系列因素导致当年企业债券发行金额仅为 236 亿元。

为了规范企业集资行为，1993 年 8 月国务院颁布了《企业债券管理条例》，将企业债券发行主体扩大到中国境内具有法人资格的企业，并规定发行债券是企业进行有偿集资活动的必需形式，进一步明确了国家计委和中国人民银行的工作分工，对发行主体的经营规模、财务制度、财务指标、资金用途及承销商资格做出了相关规定。1993 年年底，在新颁布的《公司法》中，对企业债券的发行作了一系列规定，特别是在"公司债券"中，对发行公司净资产额、累计债权额与净资产额之间的比例、偿债能力等作了更为具体的指标规定，这些规定从整体上完善了企业债券市场的管理制度。按照《企业债券管理条例》的要求，1994 年取消了大部分债券品种，当年安排企业债券发行金额只有 45 亿元。

1995 年开始，企业债券市场进入了规范发展期。《中共中央关于制定国民经济和社会发展"九五"计划和 2010 年远景目标纲要的建议》指出，要积极稳妥地发展债券融资，这一纲领性文件为我国债券市场的规范发展给出了政策指引，也为中国债券市场的重新发展注入了制度动力。此后，发债主体逐步扩展到除了大型国企之外的银行、证券公司和股份制企业等；发债重点向铁道、电力、石化和三峡工程等国家重点建设项目倾斜；发债资金用途除了基建和技改外，允许替代银行贷款或作为银行次级债补充银行资本；发行方式上采用簿记建档和路演询价的方式；债券品种扩展到短期融资券、超长期债、固息债、附息债和浮息债；并允许铁路债券进入银行间债券市场交易。1995~1997 年企业债券实际发行规模分别为 301 亿元、269 亿元和 255 亿元。

1994 年中国成立了政策性银行，开始发行政策性金融债券。在成立当年，国家开发银行就发行了总额达 758 亿元的金融债券。此后，国家开发银行、中国农业发展银行和中国进出口银行多次在国内和国际市场上发行人民币和外币金融债券，支持了中国政策性银行的业务发展，使金融债券发展进入新的时期。由于政策性金融债券具有一定的国家信用做基础，并兼具政府机构债券和金融债券的特点，利息收益较国债高，因此发行一直很顺利，金融债券规模也逐年扩大。1994~1997 年金融债券筹资额年增长率约为 13%。

4.1.4 银行间市场交易阶段（1997 年至今）

（1）银行间市场的初步发展。

1997 年 6 月，中国人民银行通知各商业银行全部退出上海和深圳交易所的债券市场,将其所持有的国债、融资券和政策性金融债统一托管于中央国债登记结算公司,并开展债券回购和现券买卖业务,共有 16 家商业银行总行作为成员参与银行间债券市场。至此,全国银行间债券市场启动,也意味着一个债券场外交易市场正式产生。

1998 年 5 月,中国人民银行恢复了债券公开市场业务,通过公开市场买进债券和逆回购向市场投放基础货币,为商业银行提供流动性,此举也提高了银行间债券市场的活跃度。财政部也加大了银行间债券市场的发行力度,1998 年财政部在银行间债券市场共计发行 4636 亿元债券,其中特种国债 2700 亿元、专项国债 423 亿元、建设国债 1000 亿元及其他国债 513 亿元。国家开发银行和进出口银行在 1998 年下半年采用公开招标方式在银行间债券市场首次以市场化的形式发行了金融债券,金额达到 410 亿元。在各方的努力下,1998 年底银行间债券市场债券存量超过了 10000 亿元,是 1997 年的 3 倍。

1999 年开始,银行间债券市场逐渐变为中国债券市场的主导。一是债券发行数量持续增加。1999 年和 2000 年,财政部和政策性银行在银行间债券市场发行的国债和政策性金融债分别达到 4426 亿元和 3904 亿元,占当年债券发行量的 74% 和 62%。二是银行间债券市场成员迅速扩张。1998~2000 年,中国人民银行先后批准保险公司、城乡信用社、证券公司、证券投资基金、财务公司进入银行间债券市场,截至 2000 年底,银行间债券市场组织成员达到了 693 个,主要金融机构都被纳入这一批发性债券市场。同时,中国人民银行于 2000 年初推出了《全国银行间债券市场债券交易管理办法》,并于 2001 年 8 月批准中国工商银行、中国农业银行、中国建设银行、中国银行等 9 家银行为双边报价商,至此我国银行间债券市场做市商制度正式确立。三是银行间债券市场回购交易量迅速放大。2000 年开始,中国人民银行公开市场业务开展双向操作交易之后,银行间债券市场日均成交量达到 200 亿元,远超当时的交易所债券市场。银行间债券市场的发展,为积极财政政策的实施、商业银行资产结构的改善以及中央银行公开市场业务操作都提供了必要的市场条件。

(2)债券市场的融合。

2002 年开始,我国债券市场在制度建设上进一步推进,逐步确立了我国债券市场的基本体系。一是将意见债券市场准入由核准制改为备案制,并将非金融机构法人和个人纳入交易市场。二是打通了各债券市场的交易。首先,实行跨市场同时发行国债,这使得各品种债券可以在多个市场发行和流通;其次,通过批准商业银行承办记账式国债柜台业务打通了银行间债券市场和柜台债券市场;最后,通过批准非银行金融机构在银行间债券市场和交易所债券市场交易，进一步联通了银行间市场和交易所市场。至此，以银行间债券市场为主的债券市场体系基本建立。

随后，我国债券市场向着多元化的方向迈进。一是债券交易品种不断多元化，突出表现在企业债品种不断完备化：2002年，中国人民银行适时推出了央行票据；2004年，兴业银行成功发行了30亿元商业银行次级债，开辟了银行次级债发行的先河；2005年，注册制的短期融资券发行成功，这为企业债的市场化发行提供了有益经验；2006年，资产支持证券获准发行，这标志着结构性债券的诞生；2007年，证监会颁布《公司债发行试点办法》，同年第一只公司债在交易所市场发行成功，公司债自此进入了快速发展阶段；2008年首只中期票据问世，并实行注册制发行，从而丰富了企业债券的期限品种（1~10年）；2009年，第一只地方政府债由财政部代发成功，从而填补了我国地方政府债券的空白；同年11月，我国第一只中小非金融企业集合票据通过注册制在银行间债券市场发行成功，这进一步丰富了企业债品种。二是债券发行主体和投资者结构不断多元化。我国债券市场发行主体从政府、大型国企、金融机构拓展到民营企业、中外合资企业、外资企业。债券市场投资主体涵盖了银行、券商、基金、保险、信用社、企业等各类机构。我国债券市场参与主体范围不断扩大，机构投资者成为了债券市场的主要力量。

与此同时，我国债券市场的运行机制也不断完善。一是通过注册制方式发行短期融资券、中期票据等，债券发行的市场化定价程度逐步提高。二是市场约束与激励机制逐渐增强，信息披露制度对相关利益主体的约束力持续强化。三是逐步推出了信用风险管理工具，提供多种市场化的风险分散和转移手段。

我国债券市场初步形成分层有序的市场体系，即以银行间债券市场为主体、交易所市场为补充的债券市场体系，基础设施建设日趋完善。其中，银行间债券市场实行场外询价，主要面向机构投资者，满足场外大宗交易需求；交易所市场实行场内撮合、零售交易，主要满足中小投资者和个人需求。作为债券市场主体，银行间市场已经建立了规范的电子交易平台以及相应的债券托管、清算、结算制度。银行间债券市场与交易所市场完全互联互通，跨市场发行、交易、转托管极为便利。债券市场的快速发展和进步，使其在我国金融市场体系的地位大幅提升，功能不断增强。债券市场不仅为货币政策和财政政策的实施提供了重要市场平台，也成为各类金融机构投融资管理和流动性管理的平台。

4.2 债券市场发展现状

4.2.1 债券发行市场现状

（1）债券一级市场概述。

1）债券发行总量及产品结构。

2015 年以来，在政府提高直接融资比重，加快利率市场化改革等措施的推动下，中国债券一级市场进入了一个发展的新阶段。由图 4-1 可知，2014~2016 年是我国债券发行急速扩张的时期，2014~2016 年债券发行额分别为 12.19 万亿元、23.17 万亿元及 36.36 万亿元，增长率分别达到了 34.6%、90.2% 和 56.9%，与 GDP 之比分别为 19.0%、33.8% 和 49.1%。2017 年和 2018 年的增速则逐步放缓，发行额分别为 40.88 亿元和 43.85 亿元，增长率则降为 12.4% 和 7.3%，与 GDP 之比则保持稳定，分别为 49.8% 和 48.7%。

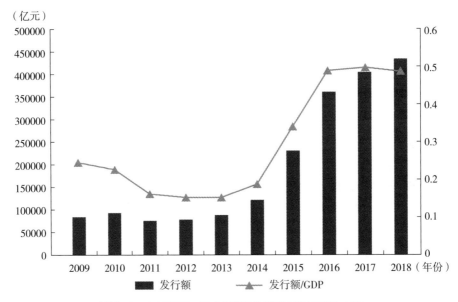

图 4-1　中国债券一级市场发行规模及其与 GDP 之比

资料来源：根据 Wind 资料整理而成。

目前的债券发行市场包括银行间市场、交易所市场、柜台市场和包括机构间私募产品报价与服务系统在内的其他市场。表 4-1 显示了各市场发行的债券产品种类。从中可以看到国债、地方政府债、政策性金融债、证券公司债、其他金融机构债、企业债、政府支持机构债、银保监会主管 ABS 等为扩大市场发行的债券。

表 4-1 债券发行市场的结构

市场种类	债券发行产品
银行间市场	国债、地方政府债、同业存单、金融债、企业债、中期票据、短期融资券、定向工具、国际机构债、政府支持机构债、交易商协会 ABN、银保监会主管 ABS、项目收益票据
交易所市场	国债、地方政府债、政策性金融债、证券公司债、其他金融机构债、企业债、公司债、证监会主管 ABS、可转债、可交换债
柜台市场	国债、政策性金融债、政府支持机构债
其他市场	国债、证监会主管 ABS、可转债

资料来源：根据 Wind 资料整理而成。

在债券发行规模急速增加的情况下，各类债券的市场占比也在发生巨大变化。由表 4-2 可知，在 2014~2016 年，非金融企业债与政府债券发行规模有大幅上升，但是非金融企业债占比却在大幅度下降，这一趋势在 2017~2018 年仍然持续，占比由 2014 年的 41.27% 下降为 2018 年的 16.58%。与此形成鲜明对比的是金融机构债，其发行规模及占比均处在上升趋势中，发行规模由 2014 年的 4.47 万亿元猛增为 2018 年的 26.34 万亿元，占比则由 36.63% 增加为 60.08%。由此可知，金融机构债逐渐成为了我国债券市场的主导，非金融企业债则逐渐弱化。

表 4-2 中国政府债券、金融机构债券及非金融企业债券规模与结构

单位：万亿元，%

年份	政府债券		金融机构债		非金融企业债		其他债务	
	发行额	占比	发行额	占比	发行额	占比	发行额	占比
2014	2.17	17.48	4.47	36.63	5.03	41.27	0.52	4.62
2015	5.96	25.68	9.58	41.31	6.83	30.20	0.83	2.81
2016	9.11	25.06	17.65	48.53	8.49	23.34	1.13	3.07

续表

年份	政府债券		金融机构债		非金融企业债		其他债务	
	发行额	占比	发行额	占比	发行额	占比	发行额	占比
2017	8.36	20.46	25.12	61.48	5.38	13.17	2.00	0.05
2018	7.83	17.86	26.34	60.08	7.27	16.58	2.40	0.05

资料来源：根据 Wind 资料整理而成。

如表 4-3 所示，我们在进一步分析债券市场发行情况可知，2018 年企业债发行额相比 2017 年下降了 35%，这主要是与发改委将工作重心转到化解存量债券的违约风险上有关，故而主动收紧了对较低资质主体企业债的发行要求，特别是对市县级评级较低的城投平台发行的企业债进行了更严格审核。可交换债在 2014 年以来一直以较高速度增长，其较低的成本优势受到市场关注。随着 2018 年宏观融资环境的变化，可转债逐渐失去市场优势，2018 年发行额较 2017 年大幅下降。国债发行额的降低则主要是与 2018 年控制财政赤字率不超过 3% 有关。值得关注的是资产支持证券的发行。2014~2018 年资产支持证券迎来了大发展的时期，2015 年以来的年增长率分别为 85%、45%、73% 和30%。究其原因，资产支持证券的激增与去杠杆过程中的大量"非标"转标有关；可转债、中期票据以及短期融资券发行额的上升，则与贷款与信托等非标融资渠道受阻有关。显而易见，可转债、中期票据及短期融资券为企业提供了更规范、更灵活和成本更低的融资渠道。

表 4-3　2014~2018 年中国债券发行品种情况　　　　单位：亿元

类别 ＼ 年份	2014	2015	2016	2017	2018
国债	17747	21075	30658	40042	36671
地方政府债	4000	38351	60458	43581	41652
同业存单	8986	53045	130211	201676	210986
金融债	35673	42842	46144	49551	52459
企业债	6972	3421	5926	3731	2418
公司债	1408	10284	27860	11025	16576
中期票据	9768	12724	11415	10341	16962
短期融资券	21850	32806	33676	23766	31275
定向工具	10260	8845	5991	4978	5479

年份 类别	2014	2015	2016	2017	2018
国际机构债	0	30	130	30	55
政府支持机构债	1500	1800	1400	2460	2530
资产支持证券	3310	6135	8867	15463	20139
可转债	321	98	213	949	796
可交换债	60	265	674	1173	465
合计	121858	231725	363621	408766	438462

资料来源：根据 Wind 资料整理而成。

如表 4-4 所示，从债券发行的期限上来看，2016 年以来中国债券发行期限短期化趋势明显。2016 年发行期限在 1 年以内的占比为 49.74%，而 2018 年则上升为 60.75%，同年发行期限为 1~3 年和 3~5 年的占比分别为 15.07% 和 11.42%，较 2017 年分别增加 2.3 个和 0.12 个百分点，5~10 年的占比为 11.29%，较 2017 年降低 1.7 个百分点，10 年以上占比则基本保持不变。总体来看，债券发行的短期化趋势极为明显。

表 4-4　2016~2018 年中国债券发行期限情况　　　　单位：亿元，%

发行期限	2016 年		2017 年		2018 年	
	发行额	比重	发行额	比重	发行额	比重
1 年内	180845	49.74	247364	60.53	266332	60.75
1~2 年	4844	1.33	9970	2.44	12021	2.74
2~3 年	42659	11.73	42061	10.29	54073	12.33
3~4 年	1994	0.55	1632	0.40	1591	0.36
4~5 年	60216	16.56	44514	10.89	48470	11.06
5~6 年	1598	0.44	1348	0.33	2363	0.54
6~7 年	31108	8.56	26123	6.39	20890	4.76
7~8 年	337	0.09	96	0.02	397	0.09
8~9 年	108	0.03	181	0.04	193	0.04
9~10 年	33248	9.15	29837	7.30	25680	5.86
10 年以上	6602	1.82	5547	1.36	6421	1.46
合计	363560	100.00	408674	100.00	438430	100.00

资料来源：根据 Wind 资料整理而成。

2）债券发行的净融资额。

2000~2018 年，中国债券市场的发行量逐步呈上升趋势，如图 4-2 所示。2000 年，中国债券市场发行量仅为 6398 亿元；2002 年即超过 1 万亿元大关，达到 11361 亿元；2006 年突破 5 万亿元大关，达到 59400 亿元；2010 年超过 9 万亿元；2015 年达到 23 万亿元；2018 年为 43.8 万亿元。从净融资额来看，2000~2007 年保持了稳步增长，2008~2014 年则保持基本稳定，2014~2016 年则实现快速增长，并于 2016 年达到最高值 16.2 万亿元，随后在 2017 年和 2018 年则急速降为 11 万亿元。

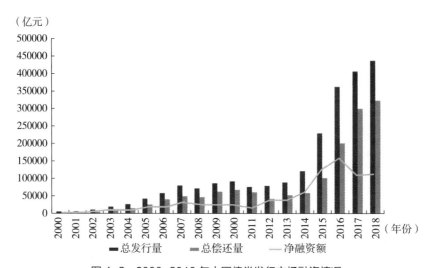

图 4-2　2000~2018 年中国债券发行市场融资情况

资料来源：根据 Wind 资料整理而成。

2017~2018 年净融资额急速下降主要是同业存单变化引起的。虽然 2016~2018 年同业存单发行量增长迅速，2017 年和 2018 年同业存单发行量分别为 20 万亿元和 21 万亿元，但是净融资额只有 1.8 万亿元和 1.9 万亿元。

（2）同业存单。

1）同业存单发行。

2013 年，央行开始允许同业存单的发行。与同业存款相比，同业存单可以在银行间市场转让，具有更高的流动性，同业存单的发行也开启了存款利率市场化改革的先河。同业存单发行的更重要意义是，其可转让和可流通性特点使其利率完全由资金市场供求变化决定。同业存单的期限均在 1 年以内，因此它极大地丰富了短期债券的品种，也完善了同业拆解市场 Shibor 报价的长、中、短期利率，使得中国短期利率体系更为完备。

　　基于以上诸多积极因素，同业存单面世后就受到各商业银行的追捧，发行量逐年飙升。由图 4-3 可知，2014 年同业存单仅发行 5000 多亿元，而到了 2017 年，这一数字便飙升到 20 万亿元，2018 年略增到 21 万亿元。2018 年以前，同业存单不纳入银保监会对商业银行同业负债的考核，故不需要缴纳存款准备金，这一成本优势使得很多股份制银行、城商行、农商行等诸多中小银行将同业存单作为补充自己资金来源的负债工具。作为商业银行吸收资金的手段，同业存单在过去 5 年的爆发式增长及回落，主要是受到这一期间货币投放方式变化以及金融机构加杠杆后去杠杆的行为影响而造成的。2014 年，我国货币投放方式发生了根本性变化。2014 年 5 月，中国人民银行外汇占款达到最高点（27.5 万亿元），此后逐年下降；而对其他存款性公司债券则从 1.4 万亿元快速增加到 2018 年 12 月的 11 万亿元，为此人民银行创设了短期流动性调节工具（SLO）、常设借贷便利（SLF）、中期借贷便利（MLF）和抵押补充贷款（PSL）等新型结构性货币政策工具。由于它们对银行与抵押品有一定要求，因而形成了人民银行—政策性银行/商业银行—股份制银行—城商行/农商行—非银行金融机构的资金投放渠道，即中小银行由于吸收存款能力不足，接受央行流动性资质又不充分，故它们主要通过发行同业存单的方式从大型银行处获得流动性，非银行金融机构主要通过接受委外资金的方式从中小型银行处获取流动性，进而形成货币基金—同业存单—同业理财—委外资金—债券市场的投资链条。显而易见，在这个链条中，资金成本越来越高，加杠杆及高收益率即成为市场选择，从而造成了 2014~2016 年的债券牛市。

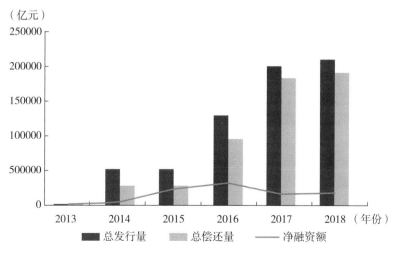

图 4-3　2013~2018 年同业存单发行量与净融资额

资料来源：根据 Wind 资料整理而成。

以上路径提升了金融系统的系统性风险，故 2018 年央行将同业存单也纳入宏观审慎监管（MPA）考核。在 MPA 框架下，包括同业存单在内的同业负债不得超过总负债的 1/3。在此约束下，2018 年同业存单发行量增长变缓。

2）同业存单发行利率。

基于同业存单在银行同业市场中的重要地位，同业存单的量价变化是影响债券市场走势的非常重要的因素，其发行利率高低可作为资金面松紧的敏感信号，与短期债券收益率的走势基本一致。图 4-4 显示了 2014 年以来同业存单发行利率的走势。2015 年以来，随着市场利率不断下行，资产端收益率压力越来越大，银行便通过委外方式将压力转移给信托、券商和基金，这些机构只能通过加杠杆来实现银行要求的收益率水平。

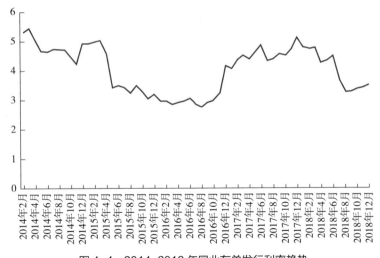

图 4-4　2014~2018 年同业存单发行利率趋势

资料来源：根据 Wind 资料整理而成。

2016 年 11 月至 2018 年 1 月，监管冲击和货币政策收紧导致银行资产负债结构大幅调整，债券市场被迫去杠杆，由此带来一轮债券市场熊市。2016 年 10 月以来，市场收益率进入上升通道，同业存单发行利率接近甚至超过银行理财产品预期收益率。随后，随着货币政策回归中性及监管政策放松，债券市场又进入"稳杠杆"阶段，2018 年以来债券市场又进入一场结构性牛市阶段。2016 年 6 月，同业存单发行利率最低时几乎跌破了 2.8% 的 MLF 利率（利率通道下限）水平；2017 年 12 月同业存单发行利率高达 5.1%，远高于理财产品预期收益率。由此带来的结果是，由于同业存单—同业理财—委外这一同业链条中的利差倒挂，银行无法通过发行同业存单再购买同业理财套利，这一盈利模式也就此解体。与此对应的是，随着 2018 年发行利率的降低，同业存单净融资额出现回落。

（3）金融债。

1）金融债的品种结构。

按照金融机构的业务范围与监管限制，目前的金融债可分为政策性金融债、商业银行金融债（普通债与次级债）和非银行金融机构债。

如表 4-5 所示，从金融债的品种结构上看，政策性银行债在金融债中占主导地位，发行额占比达到 2/3 以上；商业银行债（普通债和次级债）占比次之，2017~2018 年均略低于 18%；其他为非银行金融债，其中证券公司债（普通债和短融）占比最高，在 11%~14%。从增速来看，与 2017 年相比，保险公司债增长了 714%，证券公司短融增长了 263%，商业银行普通债增长了 31%，其他类别则增速较低或呈下降趋势。

表4-5　2016~2018 年金融债发行品种结构　　单位：亿元，%

类别	2016 年		2017 年		2018 年	
	发行额	占比	发行额	占比	发行额	占比
政策性银行债	33527	72.66	32845	66.29	34650	66.05
商业银行普通债	3673	7.96	3937	7.95	5170	9.86
商业银行次级债券	2274	4.93	4804	9.70	4007	7.64
保险公司债	440	0.95	70	0.14	570	1.09
证券公司普通债	4127	8.94	6339	12.79	4724	9.01
证券公司短融	1179	2.55	392	0.79	1425	2.72
其他金融机构债	925	2.00	1164	2.35	1913	3.65

资料来源：根据 Wind 资料整理而成。

2）金融债的期限结构。

如表 4-6 所示，金融债的发行期限偏长，5~10 年的金融债占比最高，2017 年和 2018 年均达到 1/3 以上；其次是 1~3 年的金融债，占比也均达到了 30% 以上；再次是 1 年以内及 3~5 年的金融债，2018 年占比分别是 19.12% 和 16.37%；最后是 10 年以上的金融债，占比均在 3% 以下。

表 4-6　2017~2018 年金融债发行期限结构　　　　单位：亿元，%

发行期限	2017 年		2018 年	
	发行额	占比	发行额	占比
1 年以内	8534.00	17.23	10030.19	19.12
1~3 年	15262.18	30.82	16015.77	30.53
3~5 年	7913.00	15.98	8587.56	16.37
5~10 年	16492.23	33.30	17710.20	33.76
10 年以上	1320.00	2.67	115.41	0.22
合计	49521.41	100.00	52459.13	100.00

资料来源：根据 Wind 资料整理而成。

（4）非金融企业债。

1）非金融企业债概况。

近年来债务融资在非金融企业的融资结构中愈来愈重要。目前非金融企业债务融资的工具包括短期融资券（以下简称短融）、中期票据、企业债、公司债和非公开定向债务融资工具（PPN）。其中，对于短融、中期票据和 PPN 来说，只要符合发行条件的具有法人资格的非金融企业，经中国银行间市场交易商协会注册登记后，均可在银行间市场进行注册发行。企业债和公司债分别由发改委和证券会核准发行，公司债中的私募债券则在中国证券业协会备案。

如图 4-5 所示，2014 年以来，非金融企业债券发行规模呈现先增后降的趋势。2014 年发行额即超过 5 万亿元，2016 年达到 8.5 万亿元，2 年增长了 70%，随后逐步下降，2018 年为 7.2 万亿元。从净融资来看，2016~2018 年急剧下降，2016 年净融资额为 3.05 万亿元，2018 年则为 -2398 亿元。

出现这一现象的原因是：2016 年企业去杠杆开始，非金融企业债发行的主要目的转为"借新还旧"。国家金融与发展实验室的研究表明，2016 年 12 月中国非金融企业杠杆率为 158.2%，达到历史最高水平，2017 年底为 156.9%，2018 年 6 月为 156.4%，呈现缓慢下降的趋势。

如表 4-7 所示，从 2017~2018 年非金融企业债发行的期限安排来看，短期融资券均在 1 年以内，平均期限最短；其次为 PPN，一半以上为 1~3 年，3~5 年的占 20%~40%；再次是中期票据，1~3 年为 55%~65%，3~5 年占 35%~40%；然后是公司债，3~5 年的占 50%~60%，1~3 年的占 30%~40%；最后是企业债，5~10 年的占 90% 以上。总体来说，目前非金融企业债券市场

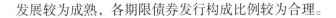

发展较为成熟，各期限债券发行构成比例较为合理。

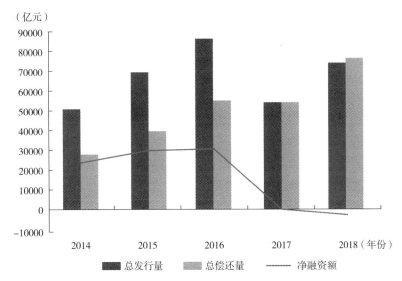

图 4-5　2014~2018 年非金融企业债发行量及净融资额

资料来源：根据 Wind 资料整理而成。

表 4-7　2017~2018 年非金融企业债发行期限结构

单位：%

年份	2017					2018				
发行期限	<1 年	1~3 年	3~5 年	5~10 年	>10 年	<1 年	1~3 年	3~5 年	5~10 年	>10 年
短融	100	0	0	0	0	100	0	0	0	0
中期票据	0	55.1	41.7	2	0.2	0	64.2	34.8	0.8	0.2
企业债	0	0.4	5.1	93	1.5	0	0.5	2.8	91.2	5.5
公司债	0.9	31.7	60.8	6.4	0.2	0.4	44	51.1	4.4	0.1
PPN	6.5	53.5	39.1	0.8	0.1	12.8	61.9	23.6	1.7	0

资料来源：根据 Wind 资料整理而成。

2）非金融企业债的品种结构。

如表 4-8 所示，非金融企业债在 2018 年共发行了 7.27 万亿元，比 2017 年增长了 35.05%。细分品种来看，一般公司债增速最为迅猛，为 79.21%，其后为中期票据，增速为 64.02%。超短融的增速也达到 33.75%，其发行规模为 2.65 万亿元，远超一般短融的 4778 亿元，成为短期融资券的主体。然而，企业债增速为 -35.18%，主要原因是去杠杆环境下主动收紧的企业债审批环节以及地方债的替代性等。

表4-8　2017~2018年非金融企业债各品种规模结构　　　单位：亿元，%

类别	2017 年		2018 年		
	发行额	面额比重	发行额	面额比重	增速
企业债	3730.95	6.93	2418.38	3.33	-35.18
公司债	11024.741	20.48	16575.65	22.80	50.35
一般公司债	5641.715	10.48	10110.68	13.91	79.21
私募债	5383.026	10.00	6464.97	8.89	20.10
中期票据	10341.45	19.21	16962.15	23.33	64.02
短期融资券	23765.9	44.14	31275.3	43.01	31.60
一般短期融资券	3954.7	7.35	4778.3	6.57	20.83
超短期融资债券	19811.2	36.80	26497	36.44	33.75
定向工具	4978.13	9.25	5478.87	7.54	10.06
合计	53841.171	100.00	72710.35	100.00	35.05

资料来源：根据 Wind 资料整理而成。

就构成比例而言，2018 年超短融占非金融企业债券的 36.44%，成为占比最大的信用债品种，短融与中期票据两项合计占比达 66.34%；公司债的占比也达到了 22.80%，超越了企业债规模；PPN 占比也达到了 7.54%，成为银行间市场又一大信用工具。总体上而言，非金融企业债发行量增长迅速，证监会促进交易所债券市场的政策已然见效，交易商协会主管的中期票据与短融继续稳步增长，银行间市场则依旧为信用债市场的绝对主导。

4.2.2　债券交易市场现状

（1）债券交易的规模与结构。

中国债券市场的交易量表现出两个显著特征，一是随着债券发行量和未清偿余额的增加而不断增加；二是随着市场利率和债券价格的波动而起伏。如图 4-6 所示，2010~2018 年债券市场交易量逐步上升。2010 年，全市场债券现券交易额仅为 63.65 万亿元，2016 年则上升为 115.48 亿元，2017 年略有下降，2018 年又上升为 149.93 万亿元。与此同时，其与 GDP 的比例则呈现出先降后升的态势：2010 年这一比例为 154%，随后逐年下降，2014 年降到 58.56%，

2016 年又上升为 156.04%，在经历了 2017 年较大幅度的下降后，2018 年上升到 166.56%，为历史最高点。

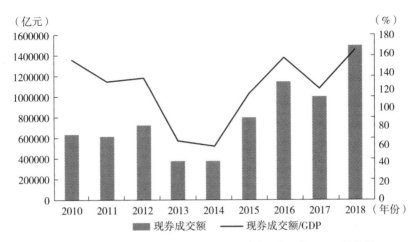

图 4-6　2010~2018 年中国债券市场现券交易额及与 GDP 的比例

资料来源：根据 Wind 资料整理而成。

如表 4-9 所示，中国债券交易在不同市场之间的分布极不均衡。从现券交易方面来看，银行间债券市场的成交额远远超过交易所市场，在总成交额中的占比达到 98% 以上，是中国债券市场的主体。从回购交易方面来看，银行间市场的占比在 2017 年和 2018 年分别为 70.48% 和 75.90%。显而易见，银行间市场在现券交易和回购交易中的总占比由 2017 年的 73.32% 增加到 2018 年的 79.01%，完全处于主导地位。与之对应的是，在交易所市场中，上交所在回购交易中占据主导地位，在现券交易中则与深交所不相上下。

表 4-9　2017~2018 年银行间和交易所市场的现券和回购交易情况

单位：亿元，%

| 交易市场 | 2017 年 | | | | | |
| | 现券交易 | | 回购交易 | | 合计 | |
	总金额	比重	总金额	比重	总金额	比重
银行间债券市场	977239	98.34	6162516	70.48	7139755	73.32
上交所	8480	0.85	2408220	27.54	2416699	24.82
深交所	7975	0.80	173184	1.98	181160	1.86
合计	993693	100.00	8743920	100.00	9737613	100.00

续表

| 交易市场 | 2018 年 | | | | | |
| | 现券交易 | | 回购交易 | | 合计 | |
	总金额	比重	总金额	比重	总金额	比重
银行间债券市场	1481273	98.79	7223611	75.90	8704883	79.01
上交所	9491	0.63	2101086	22.08	2110577	19.16
深交所	8619	0.57	193086	2.03	201704	1.83
合计	1499383	100.00	9517782	100.00	11017165	100.00

资料来源：根据 Wind 资料整理而成。

我国债券市场回购交易量远高于现券交易量，显示出我国债券市场的货币市场功能发达。市场的金融机构若能容易实现回购融资且平时流动性较强，它们通过二级市场买卖公司债券的积极性当然不高。这就导致市场流动性降低以及以短养长的杠杆交易盛行，市场风险增加。虽然交易所市场债券交易额比银行间市场要小得多，但也有自身的特点，这在回购交易中表现更为明显。与现券交易相比，交易所市场在回购交易中的占比相对更高，其原因在于：一是交易所市场质押券制度更为灵活，其推行的标准券折算制度、质押可替换制度以及到期自动续作制度，使交易所信用债的质押效率更高、流动性也更强，更便捷，十分有利于信用债质押回购，而公开发行的 AAA 级以上公司债均可质押；二是交易所市场采用中央对手方交易机制，每日调整债券的标准券折算率，基本无交易对手风险，相反银行间市场交易对手风险则更大；三是交易所市场作为股票交易保证金闲暇时的理财工具更为快速便捷，使资金利用效率更高。受此影响，交易所债券回购比银行间回购更容易受股票市场的影响。

（2）债券交易的品种分布。

表 4-10 给出了 2016~2018 年银行间和交易所市场现券交易的品种分布情况。可以看到，银行间市场交易在 2017 年的交易量下滑，2018 年市场环境重新变好，大部分债券交易品种交易量都得以增加。与 2017 年相比，金融债成交量增加最多，增加了 197177 亿元；然后为同业存单，交易量增加了 190326 亿元；国债和地方政府债的交易量分别增加了 67567 亿元和 35101 亿元；中期票据交易量也增加了 10000 亿元以上。交易量下滑明显的是企业债和国际机构债，分别减少了 10714 亿元和 822 亿元。

表4-10 2016~2018年银行间和交易所市场现券交易品种分布   单位：亿元

类别	2016年			2017年			2018年		
	银行间	交易所	合计	银行间	交易所	合计	银行间	交易所	合计
国债	124797	1470	126267	119284	876	120159	186851	580	187431
地方政府债	19814	306	20121	8298	110	8408	43399	100	43499
同业存单	196406	0	196406	358307	0	358307	548633	0	548633
金融债	568120	383	568502	327027	529	327556	524204	1515	525718
企业债	72458	1141	73599	26506	807	27313	15792	325	16117
公司债	0	7286	7286	0	9679	9679	0	7979	7979
中期票据	110540	0	110540	63142	0	63142	73977	0	73977
短期融资券	140280	0	140280	64648	0	64648	70279	0	70279
项目收益票据	29	0	29	22	0	22	17	0	17
定向工具	0	0	0	4906	0	4906	9321	0	9321
国际机构债	1040	0	1040	1047	0	1047	225	0	225
政府支持机构债	3715	1	3716	2622	0	2622	6033	2	6035
资产支持证券	633	610	1243	1452	1322	2774	2558	2019	4577
可转债	0	1286	1286	0	2243	2243	0	4424	4424
可交换债	0	403	403	0	889	889	0	1166	1166
总计	1239862	12939	1252800	977260	16455	993715	1481290	18110	1499400

资料来源：根据Wind资料整理而成。

值得注意的是，在2018年的银行间市场交易中，同业存单交易占比达到了37%。作为兼具流动性以及投资属性的债券品种，同业存单市场在债券市场中占据越来越重要的地位。2018年年初以来，受市场环境影响，利率债及信用债市场表现呈现分化趋势，各类利率债品种的成交量同期相比均大幅增加，市场参与者交易活跃；而以企业债为代表的信用债则交易萎靡，成交量同期相比有所下滑。

交易所市场的交易规模远不及银行间市场，2018年全年的交易增加额也远小于银行间市场。与2017年相比，交易所市场在2018年的交易额增加了1655亿元，增幅排名前三的分别是可转债、金融债和资产支持证券，增加额分别为2181亿元、986亿元和697亿元。信用债交易则有所下滑，公司债和企业债的交易额分别减少了1700亿元和482亿元。

从全市场来看，2018年利率债交易中，同业存单成交量最大，达到548633

亿元，占利率债成交量的 42%；其次是金融债，交易量达到 525718 亿元，占利率债交易量的 40%；再次是国债，成交量达到 187430 亿元，占利率债交易量的 14%；最后是地方政府债，交易量为 43499 亿元，占利率债交易量的 3.3%。

（3）债券存量的规模与结构。

债券市场存量是指已经发行但尚未到期的债券托管量。各类债券托管量形成的债券市场存量结构可以帮助理解债券二级市场的运行。2001 年以来，我国债券托管量从 2001 年 12 月的 3.04 万亿元增长到 2018 年的 85.73 万亿元，18 年间增长了 84 倍。从托管全额来看，2003 年只有不到 5 万亿元，2007 年便突破了 10 万亿元，2010 年再突破 20 万亿元，2015 年达 48 万亿元，2018 年则突破了 85 万亿元。显而易见，2014 年以来，中国债券市场正处于加速发展的过程中。

如图 4-7 所示，2018 年底，全国债券市场总托管量为 85.74 万亿元，比 2017 年末增加了 10.99 万亿元，增长了 14.7%。从相对规模来看，2014 年以来其与 GDP 之比呈现加速发展的趋势，2014 年债券托管量/GDP 仅有 56.12%，2016 年快速上升到 86.81%，2018 年则进一步增长为 95.23%。由此可知，过去的 5 年间，中国债券市场经历了快速的金融深化过程，债券市场在金融系统及经济运行中的作用越来越重要。

从债券存量的市场构成来看，由于商业银行的大量参与，银行间债券市场是中国债券市场的主体，其债券存量达到中国债券市场的 90% 以上。

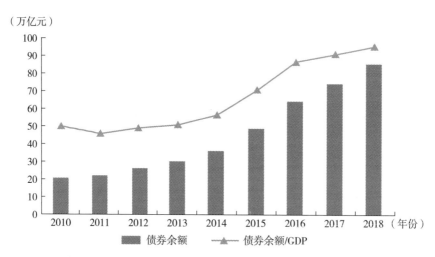

图 4-7　2010~2018 年中国债券市场存量及其与 GDP 之比例

资料来源：根据 Wind 资料整理而成。

与分割的债券市场相对应，我国债券托管清算系统共有两类。一类是此前由中国人民银行监管，现由中国人民银行与银保监会共同监管的中央国债登记结算有限责任公司（以下简称中债登），以及由经财政部、中国人民银行批准成立的银行间市场清算所股份有限公司（以下简称上清所）。中债登和上清所作为银行间债券市场的后台支持系统，负责银行间市场上各类债券的托管与清算事宜。另一类是由中国证监会监管的中国证券登记结算有限公司（以下简称中证登），包括上海分公司和深圳分公司，分别负责上交所与深交所包括债券在内的所有场内证券的托管清算。全市场债券托管量应该是中债登、上清所和中证登三家机构的托管量相加再减去交易所市场在中债登的跨市场债券品种托管量。除此以外，机构间私募市场的债券托管量很小，在此忽略不计。

从表 4-11 可以发现，2018 年底，中债登和上清所的债券托管量占比合计达90% 以上。其中，在中债登托管的债券总量为 58.65 万亿元，占全市场托管量的 68.90%；上清所托管总量为 18.98 万亿元，占全市场托管量的 22.30%；中证登的托管总量为 7.5 万亿元，仅占全市场托管量的 8.80%。若以债券托管量占比来评估发展速度，上清所的发展速度最快，其托管量比 2017 年提高了 0.33 个百分点；中债登托管量占比则降低了 0.05 个百分点；中证登托管量占比则降低了 0.28 个百分点。综上可知，以债券托管量占比计算，银行间市场的占有率从2016 年的 91.54% 下降到 2018 年的 91.20%；而交易所市场则从 2016 年的 8.44%上升到 2018 年的 8.80%。这表明，虽然从总体上看银行间市场在我国债券市场中占主导地位，但近 3 年来交易所市场的发展速度略快于银行间市场。

表4-11　2016~2018 年中国债券市场托管情况

年份	2016	2017	2018	2016	2017	2018
指标	债券托管量（万亿元）			托管量占比（%）		
全市场	63.5	73.89	85.13	100	100	100
中债登	43.72	50.95	58.65	68.85	68.95	68.90
上清所	14.41	16.23	18.98	22.69	21.97	22.30
中证登	5.36	6.71	7.5	8.44	9.08	8.80

注：表中"中债登""上清所""中证登"相加与"全市场"的数据误差由四舍五入导致。

资料来源：根据 Wind 资料整理而成。

如表 4-12 所示，从细分品种上看，2018 年底托管量超过 10 万亿元的债券品种包括金融债（203118 亿元）、地方政府债（180700 亿元）、国债（148804 亿元）；超过 5 万亿元的债券品种包括同业存单（98827 亿元）、公司

债（58244 亿元）、中期票据（56402 亿元）；超过 1 万亿元的债券品种包括资
产支持证券（26725 亿元）、企业债（25692 亿元）、定向工具（19397 亿元）、
短融（19281 亿元）、政府支持机构债（16095 亿元）。

表 4-12 2016~2018 年全市场债券品种托管量及占比情况

单位：亿元，%

类别	2016 年		2017 年		2018 年	
	债券余额	余额比重	债券余额	余额比重	债券余额	余额比重
国债	119699	18.63	134345	17.97	148804	17.36
地方政府债	106282	16.54	147448	19.73	180700	21.08
同业存单	62696	9.76	79936	10.69	98827	11.53
金融债	163220	25.41	183360	24.53	203118	23.69
企业债	32640	5.08	30479	4.08	25692	3.00
公司债	43240	6.73	50924	6.81	58244	6.79
中期票据	46352	7.22	48534	6.49	56402	6.58
短期融资券	21122	3.29	15162	2.03	19281	2.25
定向工具	22037	3.43	20175	2.70	19397	2.26
国际机构债	170	0.03	200	0.03	225	0.03
政府支持机构债	12755	1.99	14545	1.95	16095	1.88
资产支持证券	10977	1.71	19351	2.59	26725	3.12
可转债	344	0.05	1200	0.16	1906	0.22
可交换债	888	0.14	1832	0.25	1975	0.23
合计	642422	100.00	747491	100.00	857391	100.00

资料来源：根据 Wind 资料整理而成。

图 4-8 显示的是托管量排名前四的债券品种自 2010 年以来的存量变化情
况。可以看出，国债和政策银行债自 2010 年以来一直保持稳定、同步增长，
在 2019 年 7 月底均在 15 万亿元左右；而地方政府债和同业存单的发展则分为
明显的两个阶段，在 2014 年以前这二者基本保持稳定，分别为 1.1 万亿元及
5600 亿元，此后便进入高速增长期，特别是地方政府债，在 2019 年 7 月达到
了 20.6 万亿元，同业存单也达到了 9.8 万亿元。

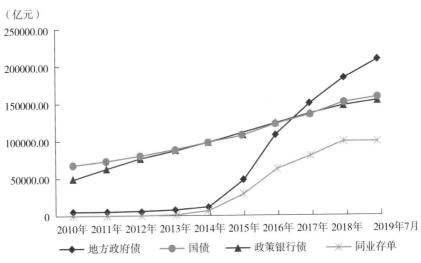

图 4-8　2010 年至 2019 年 7 月主要债券品种的托管量变化趋势

资料来源：根据 Wind 资料整理而成。

4.3　债券市场现行监管制度

广义的债券市场监管制度包括法律、行政法规、部门规章、市场自律规则以及相关业务规则等规范性文件，这些法律法规在不同的层面上发挥着作用。自我国债券市场建立以来，债券市场立法工作也稳步推进，目前已经形成了覆盖市场结构、监管框架、市场主体准入与持续监管、债券发行、交易所清算和托管以及债券投资者保护等诸方面的债券市场监管制度与法规体系。

4.3.1　债券市场监管法律制度渊源及适用范围

（1）债券市场监管法律制度的渊源。

我国债券市场法规体系的渊源除全国人大及其常务委员会制定和颁布的《公司法》《证券法》等法律之外，还包括由中国人民银行、财政部、国家发改委、银保监会等部委机构发布的规章、其他规范性文件以及自律性组织制定的自律规范和业务规则。

法律文件的制定主体为全国人大及其常务委员会，主要包括《公司法》《证券法》、《证券投资基金法》、《银行法》、《中华人民共和国信托法》（以下简称信托法）、《中华人民共和国担保法》、《商业银行法》等基础性法律文件，涉及我国公司、证券、银行等领域。

行政法规的制定主体为国务院，主要包括《企业债券管理条例》《国库券条例》《外资金融机构管理条例》等条例，涉及我国企业债券、国库券以及机构管理等领域。

部门规章的制定主体包括中国人民银行、财政部、国家发改委、国资委、银保监会、证监会等部委。中国人民银行颁布的规章主要包括机构管理及对银行间市场准入、发行、托管、交易结算等环节的规定；财政部颁布的规章主要包括国债、地方政府债的管理规定；发改委、国资委颁布的规章主要包括对企业债及国家大型企业投资债券的风险管理规定；银保监会颁布的规章主要包括对作为监管对象的金融机构在进行债券投资和交易中的风险管理要求；证监会颁布的规章主要包括对机构管理及公司债监管的规定。

自律规则由债券市场的自律组织制定，这些自律组织包括交易商协会、上海证券交易所和深圳证券交易所。交易商协会的自律规则主要集中于对非金融企业债务融资工具的监管规定；上交所和深交所的自律规则主要集中于对交易所债券上市交易、公司债发行等业务规则的规定。

业务规则由相关的登记结算机构制定。中央国债登记结算有限责任公司的业务规则涉及银行间债券托管、交易、结算等环节的规定；中国外汇交易中心的业务规则涉及银行间债券市场交易的相关规定；中国证券登记结算有限责任公司的业务规则涉及交易所债券托管、登记、结算、回购等环节的规定；银行间市场清算所股份有限公司（以下简称上海清算所）的业务规则涉及银行间市场的登记、托管、清算、结算等环节的规定。

（2）债券市场监管法律制度适用范围。

基于我国债券市场的分市场、分监管机构的现状，法规体系也与之相适应，有的法律法规适用于所有市场，而有些法规只能适用于某一类市场。

1）适用于所有市场的法规。

债券市场作为证券市场的一部分，需要适用证券市场普遍性的法律。同时，同一机构在不同市场上从事债券业务，也必须遵守相同机构的监管规定。此外，财政部对会计处理和国债的规定也适用于所有债券市场。综合以上情形，所有市场都适用的监管法律法规包括以下三个部分：一是证券市场适用法，主要指在证券市场上通用的基础性法规，包括《证券法》《中华人民共和国担保法》《信托法》等。二是金融机构适用法，包括法律以及国务院、中国人民银行、国资委、银保监会等监管机构对于其监管对象发行及投资债券进行监管而颁布的规章，主要包括《公司法》《商业银行法》《商业银行操作风险管理指引》《外资金融机构管理条例》《全国社会保障基金投资管理暂行办法》《金融机构信贷资产证券化试点监督管理办法》《关于规范银信类业务的通知》《同业存单管理暂行办法》《关于进一步规范银行理财产品穿透登记工作的通知》《信托公司监管评级办法》《保险资产负债管理监管暂行办法》等。三是债券产品适用法，主要包括《企业债券管理条例》《信贷资产证券化试点会计处理规定》《国债托管管理暂行办法》《金融工具确认和计量暂行规定》《国债跨市场转托管业务管理办法》等。

2）适用于银行间债券市场的法规。

适用于银行间债券市场的法规主要由中国人民银行制定颁布，交易商协会、中央结算公司也制定了一些具体规则，涉及非金融企业债务融资工具的有关规定、银行间市场托管、结算代理业务准入和债券发行结算等内容。具体包括《关于全国银行间债券市场实行准入备案制有关事宜的通知》《资产支持证券信息披露规则》《全国银行间债券市场交易流通审核规则》《银行间债券市场非金融企业债务融资工具管理办法》《绿色债券评估认证行为指引》《关于进一步规范地方政府举债融资行为的通知》等。

3）适用于交易所市场的法规。

适用于交易所市场的法规主要由证监会以及证券交易所、中证登发布，主要包括《债券登记、托管与结算业务实施细则》《公司债发行与交易实施细则》《上交所债券交易实施细则》《深交所企业债券上市交易规则》《定向发行证券公司债券登记服务协议》《公司债券存续期间信用风险管理指引》等。

4）适用于商业银行柜台市场的监管法规。

适用于商业银行柜台市场的监管规章主要有中国人民银行颁布的《全国银行间债券市场柜台业务管理办法》。

4.3.2 债券监管法律制度的主要内容

（1）市场与券种分类。

目前，我国已经形成了包括银行间债券市场、交易所债券市场和商业银行债券交易柜台的债券市场体系，表4-13对各市场的投资者、债券种类、交易品种、交易模式进行了说明。

可以看出，目前在各市场交易的债券品种包括国债、金融债、非金融企业债等。

表 4-13　三类债券市场概况

债券市场	投资者	债券种类	交易品种	交易模式
银行间债券市场	机构投资者	国债、金融债、企业债、非金融企业债务融资工具	现券交易、质押式回购、买断式回购、远期交易	报价驱动、协议成交
交易所债券市场	金融机构、合格个人	国债、企业债、公司债、可分离债、市政债券、中小企业私募债	现券交易、只有式回购	指令驱动、竞价撮合成交
商业银行债券交易柜台	企业、个人	国债、地方政府债、政策性银行债、新发行债券	现券交易、质押式回购、买断式回购及央行认可的其他品种	协议成交

　　国债可分为凭证式国债、无记名国债、储蓄式国债及记账式国债四种；金融债包括政策性银行债、商业银行债以及非银行金融机构债等，中国人民银行依法对金融债的发行进行监督管理；非金融企业债包括企业债、公司债、中期票据、短融等，非金融企业债的具体区分如表 4-14 所示。

表 4-14　非金融企业债比较

要素	中期票据	短融	PPN
审核机关	交易商协会		
审核方式	注册制		
交易场所	银行间债券市场		
发行人	具有法人资格的非金融企业		
发行规模	不超过净资产 40%	不超过净资产 40%	不受净资产限制
发行时间	注册 2 个月内完成首期发行，可在 2 年内多次发行	注册有效期 2 年，可分期发行，注册后 2 个月内完成首期发行	注册后 6 月内完成首期发行，可分期发行，注册有效期 2 年
发行方式	银行间公开发行	银行间公开发行	非公开发行
募集资金投向	补充营运资金、偿还债务、使用灵活	补充营运资金、偿还债务、使用灵活	无须政府部门审批，可以生产性支出、补充流动资金、偿还债务、支持公司并购及重组
信息披露	信息披露详尽，存续期内需定期披露季报、半年报、年报	信息披露详尽，存续期内需定期披露季报、半年报、年报	严格发债主体信息披露，重视发债后的市场监督工作
评级要求	主体 AA- 以上		未做要求，一般 AA 以上

续表

要素	中期票据	短融	PPN
要素	企业债	公司债（大、小公募债）	公司债（私募债）
审核机关	发改委	证监会	证监会
审核方式	审批制	审批制	注册制
交易场所	银行间、交易所债券市场	交易所债券市场	
发行人	国有企业为主	公司制法人（上市公司为主）	
发行规模	不超过净资产（不包括少数股东权益）40%	不超过最近一期末净资产40%，金融类公司的累计公司债券余额按金融类公司的有关规定计算	
发行时间	核准后2个月内	核准后12月内完成首期发行，其余可在2年内分期发行	完成发行5个工作日内向证券业协会备案
发行方式	银行间、交易所公开发行	交易所等公开发行	交易所等非公开发行
募集资金投向	必须用于核准用途，不得用于偿还债务及非生产性支出	必须用于核准用途	必须用于约定用途
信息披露	发行有强制要求，存续期无强制要求	中期报告和经审计的年报	按约定执行
评级要求	无强制要求，可自愿评级以便分类考核	主体AAA以上	未作要求

（2）市场准入。

1）发行人的市场准入。

金融债对发行人的相关要求。根据《全国银行间债券市场金融债券发行管理办法》的规定，发行金融债的主体包括政策性银行、商业银行、企业集团财务公司及其他金融机构。各类机构都必须具备相应条件。商业银行发行金融债券的条件是：具有良好的公司治理机制；核心资本充足率不低于4%；最近3年连续盈利；贷款损失准备计提充足；风险监管指标符合监管机构的要求；最近3年没有重大违法、违规行为。

公司债对发行人的相关要求。根据《公司法》《证券法》的规定，发行公司债的主体包括股份有限公司和有限责任公司，发行条件是：股份有限公司的净资产不低于人民币3000万元，有限责任公司的净资产不低于人民币6000万元；累计债券余额不超过公司净资产的40%；最近3年平均可分配利润足以支付公司债券1年利息；筹集资金投向符合国家产业政策；债券利息不超过国务院限定的利率水平；公开发行公司债券筹集的资金必须用于核准的用途。根据沪深证券交易所颁布的《中小企业私募债券业务试点办法》的要求，中小企业私募债的发行主体主要是中小微企业。

企业债对发行人的相关要求。根据《企业债券管理条例》的要求，企业债券的发行主体为中国境内具有法人资格的企业。发行企业要具备以下条件：企业规模达到规定的要求；企业财务会计制度符合国家规定；具有偿债能力；企业经济效益很好，发行债券前三年连续盈利；所筹集资金用途符合国家产业政策。

非金融企业债对发行人的相关要求。根据《银行间债券市场非金融企业债务融资工具管理办法》的规定以及交易商协会的自律规则，发行主体为具有法人资格的非金融企业，在成为交易商协会的会员后，即可注册发行非金融企业债务融资工具。

2）承销机构的市场准入。

国债承销团成员资格条件。根据《国债承销团组建工作管理暂行办法》的规定，国债承销团按照国债品种组建，包括储蓄式国债承销团和记账式国债承销团。储蓄式国债承销团成员应符合以下条件：依法开展经营活动；近3年在个人储蓄存款、理财产品销售等经营活动中没有重大违法行为；注册资本不低于人民币10亿元或总资产不低于人民币300亿元，营业网点有50个以上的存款类金融机构。记账式国债承销团成员应符合以下条件：依法开展经营活动；近3年在债券承销、交易等经营活动中没有重大违法记录；注册资本不低于5亿元或总资产不低于人民币200亿元的存款类金融机构，或注册资本不低于人民币10亿元的非存款类金融机构。国债承销团候选名单由财政部会同有关部门根据存量考核和增量竞争方式产生。

金融债承销人条件。金融债的承销人应为金融机构，并具备以下条件：注册资本不低于人民币2亿元；具有较强的分销能力；具有合格的从事债券市场业务的专业人员和债券分销渠道；最近2年没有重大违法违规行为等。

非金融企业债的承销人条件。非金融企业债由交易商协会推行的会员市场化评价机制作为承销机构的准入办法。根据《中国银行间市场交易商协会非金融企业债务融资工具承销业务相关会员市场化评价规则》的要求，承销业务相关会员分为三类，分别为交易商协会主承销商类会员、承销类会员和意向承销类会员。其评价指标体系包括机构资质及业务评价、市场评价、交易商协会秘书处评价三类指标。交易商协会根据评价结果提出承销类会员以及主承销类会员的建议，经咨询交易商协会债券市场专业委员会、相关监管部门及自律组织，提交交易商协会常务理事会审定后报中国人民银行备案。

企业债券承销人条件。根据《国家发改委关于进一步改进和加强企业债券管理工作的通知》要求，企业债券应当由具有承销资格的证券经营机构承销，企业不得自行销售企业债券。主承销商由企业自主选择，需要组织承销团的，由主承销商负责组织承销团。企业债券主承销商和副主承销商除具有规定资格外，还应满足以下条件：已经承担过 2000 年后下达规模的企业债券发行主承销商或累计承担过 3 次以上副主承销商的金融机构方可承担主承销商已经承担过 2000 年后下达规模的企业债券发行副主承销商或累计承担过 3 次以上分销商的金融机构可承担副主承销商。企业集团财务公司可以承销本集团发行的企业债券，但不宜作为主承销商。

公司债承销人条件。根据《公司债券发行与交易管理办法》的要求，发行公司债券应当由具有证券承销业务资格的证券公司承销。取得证券承销业务资格的证券公司、中国证券金融股份有限公司以及证监会认可的其他机构非公开发行债券可以自行销售。

3）评级机构的市场准入。

银行间债券市场评级机构的准入。根据《中国人民银行信用评级管理指导意见》的要求，从事银行间债券市场信用评级业务的信用评级机构，应取得评级业务主管部门的业务认可。评级机构应具备完备的信用评级工作制度和内部管理制度，应遵守一定的执业原则即评级程序。信用评级机构应向中国人民银行提供：工商行政管理部门核发的《企业法人营业执照》；税务管理部门核发的《税务登记证》副本复印件并出示副本原件；公司章程；注册资本验资报告复印件并出示原件；信用评级工作制度和内部管理制度；最近 3 年的财务报表；收费标准；法定代表人及高级管理人员的身份证复印件、简历及有关资料。

交易所市场评级机构的准入。资信评级机构申请交易所市场证券评级业务许可时，应具备以下条件：具有中国法人资格；实收资本与净资产均不少于人民币 2000 万元；具有符合规定的高级管理人员不少于 3 人；具有证券从业资格的评级人员不少于 20 人，其中包括具有 3 年以上资信评级业务经验的评级从业人员不少于 10 人，具有中国注册会计师资格的评级业务人员不少于 3 人；具有完善的业务制度，包括信用等级划分及定义、评级标准、评级程序、评级委员会制度、评级结果公布制度、跟踪评级制度、信息保密制度、证券评级业务档案管理制度等；最近 5 年未受到刑事处罚，最近 3 年未因违法经营受到行政处罚，不存在因涉及违法经营、犯罪正在被调查的情形；最近 3 年在税务、工商、金融等行政管理机关，以及自律组织、商业银行等机构无不良诚信记录等。

（3）发行制度。

1）国债发行制度。

国债由财政部通过设在中央结算公司的中国人民银行债券发行系统进行发

行。国债发行的利率主要采用公开招标的形式确定。就发行方式而言，凭证式国债通过商业银行柜台发行，记账式国债通过交易所系统发行。票面利率由财政部和中国人民银行参照同期银行存款利率及市场供求情况等因素确定。

2）金融债发行制度。

根据《全国银行间债券市场金融债券发行管理办法》的要求，在银行间债券市场发行金融债券主要采用招投标、协议承销等国际通用的市场化方式。为了满足债券发行的多样化需求，发行人也可以向定向机构投资者发行金融债券。为了防范金融风险，管理办法对承销人条件给出了具体要求，发行人与承销商的权利与义务要在承销协议中明确写明。

3）非金融企业债发行制度。

非金融企业债券发行制度包括注册制、核准制和审核制。注册制是目前成熟资本市场普遍采用的一种发行体制，其要点是：交易商协会只对注册文件进行形式判断，不对债务融资工具的投资价值及投资风险进行实质性判断；由企业进行充分的信息披露，中介机构尽责履职，不得有虚假记载、误导性陈述或重大遗漏，并对其信息的真实性、准确性、完整性和及时性负责；投资者自己承担风险。

（4）信息披露制度。

信息披露是金融市场的基础性制度安排。有效的信息披露制度是债券市场健康运行的重要保障。各监管机构和自律组织在法律法规的框架下，针对各自管理范围均出台了一系列有关信息披露的法规和规则。

1）法律层面的信息披露要求。

《公司法》和《证券法》是我国证券市场监管依据的基本法律，它们均对信息披露做了总体规定。《公司法》中"公司债券"规定，公司债券募集办法中应当载明的主要事项和发行记名公司债券时应在公司债券存根簿载明的事项，应与募集说明书的内容一致。《证券法》中"持续信息公开"对公司债券信息披露的基本原则、披露信息的内容等进行了规定，同时也对证券交易所为上市公司及其相关信息披露的直接监管机构进行了规定。

2）部门规章层面的信息披露要求。

中国人民银行发布的《银行间债券市场非金融企业债务融资工具管理办法》要求企业发行债务融资工具应在银行间债券市场披露信息。发改委在其颁布的《国家发改委关于推进企业债券市场发展、简化发行核准程序有关事项的通知》中对"企业（公司）债券募集说明书"编制目录进行了详尽的描述。证监会作为公司债券的主要监管机构，出台了多项监管文件，如《公司债券发行与交易管理办法》《上市公司信息披露管理办法》等，对公司债券信息披露进行了具体规定。

　　3）自律规范性文件层面的信息披露要求。

　　自律性文件对债券信息披露的相关规定主要包括：交易商协会颁布的《银行间债券市场非金融企业债务融资工具信息披露规则》、中国银行间市场交易商协会公告〔2009〕第 18 号、上交所发布的《上海证券交易所公司债券上市规则》以及深交所发布的《深圳证券交易所公司债券上市规则》等。

5

基金市场发展现状与现行监管制度

证券投资基金[①]是指通过发售基金份额向不特定公众投资者募集资金，由基金管理人管理、由基金托管人托管，以资产组合方式进行证券投资，形成独立的基金财产的资本市场参与工具和投资方式。基金本质上是"众人集资、专家投资"形成的信托关系。最早可能始于18世纪后期的荷兰，19世纪中后期伴随着英国海外殖民扩张及产业革命而逐渐发展，20世纪20年代起在美国兴盛起来。我国从1991年末开办基金近40年以来，实现了从封闭式基金到开放式基金、从资本市场基金到货币市场基金、从内资基金管理公司到合资基金管理公司、从境内投资到境外理财等几个重要的跨越式发展，形成了规模可观、品种丰富的基金市场，并构建了以《证券投资基金法》为主要监管法律法规支柱和以中国证监会、中国人民银行、沪深两大证券交易所和基金业协会为监管主体的监管体系。基金市场已经成为我国资本市场的重要组成部分，也是证券监管的重点领域。

5.1　我国的资本市场与基金

基金的诞生与资本市场有着天然的联系，二者之间不是谁先谁后的问题，而是相辅相成、共生共存的关系。近百年的实践和研究表明，在美国等主要的金融发达市场上，资本市场与共同基金之间存在相互促进、共同繁荣的良性互

---

　　① 证券投资基金，广义上是指通过发售基金份额募集资金形成独立的基金财产，由专业投资家组成证券资产组合的投资方式，包括私募证券投资基金和公募证券投资基金。从监管角度看，公募证券投资基金因涉及广大公众投资者往往受到更多关注而监管更加严格，所以我们这里的证券投资基金主要是指公募证券投资基金，在美国被称作"共同基金"。我们经常将其简称为"基金"。

动。在我国，证券投资基金是与证券市场同时引进的，并且主要是参照美国的模式设计的。之所以如此，正是基于对两者之间良性互动关系的认同。

5.1.1　我国资本市场与基金的一般关系

（1）我国资本市场与证券投资基金的业绩。

证券投资基金是资本市场的重要参与者，基金参与资本市场的直接目的是获得证券投资的收益，因此基金参与资本市场证券投资的效果是其与资本市场关系中首先受到关注的方面，关于这一命题的研究也非常多。

基金不仅是一种金融工具，更是一种经济组织和组合投资的方式，作为一种理性的机构投资者更可能取得优于资本市场平均水平的收益率，也可以起到支持和稳定资本市场的作用。研究表明，基金投资的确能够获得比整个资本市场更好的收益。因为基金在资产配置时有能力选择内部治理较好的上市公司股票，注重考察所要投资的公司的发展前景和战略抉择，这样构建的资产组合能够获得更好的（价值）投资收益，并能够通过持有优质资产来抵抗资本市场系统性风险的冲击，或者通过选择市场时机而使基金收益得以提升，这种情况尤其是在资本市场的熊市期表现得更为突出。

基金投资于资本市场的各种标的，其投资效果自然也与这些投资对象的价格及其波动直接相关。实证表明，在我国，证券投资基金的收益率确实与股票价格存在较强的相互关系，基金的投资组合反过来对股票价格的变动也有显著的影响，通常表现为降低了资本市场的波动性。而且基金持股比例越高，资本市场的波动率越低，在一定程度上成为了资本市场的稳定器，也使基金投资收益情况在一定时间内所面临的波动风险更低。

（2）我国资本市场与证券投资基金的资金来源。

基金作为一种金融工具，兼具安全性高和收益性高的特点，在日益活跃的资本市场中正在成为众多普通投资者的优选。因为投资门槛低，基金会明显分流银行储蓄，改变社会闲散资金在银行体系（间接融资）和资本市场（直接融资）的分布状态，继而改变社会资本的配置（流动性资金和资本性资金）结构。

基金成为新的社会闲散资金的储蓄方式，总体上看是有利于提高社会储蓄率的[①]：基金与银行储蓄形成了竞争关系，打破了个人投资者被动选择储蓄的局面，因此可能提高社会闲置资金的使用效率。近15年来，我国居民储蓄率

---

① 巴曙松：《中国投资基金业：宏观影响、制约因素与发展战略》，《中国证券报》1998年10月13日。

从近 30% 逐年上升到超过 40%，并保持在 40% 左右，远高于 1990~1997 年的不超过 27%。同时在居民家庭的金融资产中，主要表现为银行储蓄占比负增长以及基金、股票资产占比较快增加的态势。与此同时，我们也可以看到，在我国的资本市场上，基金持股的市值规模呈现逐年上升趋势。反过来，资本市场也通过业绩影响、资金支持以及竞合作用，提升了基金的竞争力，不仅为基金创造了扩大初始资金来源的有利条件①，也为基金留住二次元资金提供了基本保障。

资本市场是长期融资的机制，便于上市企业筹措进行资本性投资的资金，帮助其规模扩张和战略调整。基金作为资金集中的手段，通过基金合约将社会闲散资金的时间期限拉长，成为企业积累和稳定产业资本供给的重要渠道。同时作为机构投资者，基金比散户股票投资者的持股期更具稳定性。就我国而言，证券投资基金持股期限与上市公司的经营绩效之间存在着明显的正相关关系，基金的投资行为与资本市场的流动性密切相关②，而股票的流通规模越大、越频繁，股价波动也越大。

（3）我国资本市场与证券投资基金的权利实施。

证券投资基金通过持有股票成为该股份公司的股东后秉持积极的治理主义态度，将公司治理中"决定性选票"的作用体现出来，成为上市公司重要的参与者，能较为有效地督促上市公司提高经营质量，继而改善资本市场的整体素质。而资本市场的有效运行为基金提供了优质的投资对象。

在我国基金参与资本市场的活动中，因为基金投资于积极履行社会责任的优秀企业，会进一步助推这些企业提高业绩和加强风险控制，从而使基金能够获得超过资本市场平均水平的收益，并使资本市场的整体素质得以改善。证券投资基金作为一个有效的战略投资主体，对于保护投资者利益和完善上市公司治理有积极作用。

（4）我国资本市场与证券投资基金的风险特征。

基金作为资本市场的深度参与者，必然面临着资本市场的所有风险。除此之外，证券投资基金还面临着明显的管理能力风险和巨额赎回风险。

第一，基金管理人作为投资理财专家，相较于普通投资者的确更具有投资理论基础和投资实践经验，因此能够更好地识别投资风险的性质和来源，能够利用更加科学和有效的手段度量风险的大小，并能够更加专业地按照预定的投

---

① 许辉、黄曼行、祝立宏：《美国资本市场与共同基金互动关系的启示》，《经济研究导刊》2009 年第 14 期。

② 李婷、王嘉承：《投资者构成对市场流动性的影响研究》，《经济论坛》2009 年第 7 期。

资目标和风险承受能力构造有效的证券组合，以及在资本市场随时变动的情况下及时调整投资组合，从而将基金资产的风险控制在一定范围内。但是，不同基金管理人及其经理人的投资水平、管理手段、操作风格、风险敏感度及其控制技术等方面客观上存在差异，所以无论对投资者而言还是对资本市场而言，基金子市场都存在基金管理人管理能力的风险[1][2]。

第二，基金中占比超过 60% 的是开放式基金。开放式基金是允许投资者随时申购和随时赎回的。新增申购和赎回对基金管理人的压力并不是对称的。资本市场的剧烈波动可能使基金投资者连续巨额赎回，会导致基金管理人的备付金很快消耗而不得不卖出证券来保证现金支付，继而加速资本市场下行；如果基金因现金支付困难而出现流动性危机，将不得不采取顺延赎回、暂停赎回等措施，那么不仅会给基金管理人造成毁灭性结果，也会给整个基金市场，甚至资本市场造成拖累。

5.1.2 基金运行良好的条件

在我国，证券投资基金实际的运行状况并不如设想的那般理想，许多学者的研究认为，我国基金尚缺乏良好的运行条件。

（1）证券投资基金的特征条件。

我国创建资本市场时，证券投资基金之所以能够作为资本市场发展的助力而受到政策的认可和推动的重要原因是基金是基于理论而人为设计的、有特定特点的金融形式。

第一，基金被设计为"集合投资、专家理财"的融资方式。基金是将众多投资者的资金集中起来，委托给具有证券投资技能的专业人士进行投资，一方面能够发挥金融动员储蓄的功能，将小额的闲置货币资金聚少成多集合成货币资本；另一方面可以充分展示金融的信息传递功能，由专业的机构——基金管理公司来收集和处理信息，同时由专业的人员——基金经理人来加工和使用信息，使普通投资者能够以尽可能低的信息成本获得证券投资的收益。如果基金管理机构的投资行为并不比个人投资者更加理性。相反，机构投资者更有可能

---

[1] 施东辉：《证券投资基金的交易行为及其市场影响》，《世界经济》2001 年第 10 期。

[2] 据调查，我国基金经理的平均任职期限不到 1 年，而美国为 5 年。同时我国基金经理的培养期短，大约 5 年时间，就从高校毕业生被拔高为基金经理，没有经过助理研究员、研究员、基金经理助理、基金经理等全过程专业知识和实践经验的积淀，年轻的，甚至 30 岁以下的基金经理屡见不鲜。而美国基金经理的培养期一般需要 12 年以上，平均年龄超过 40 岁。

发生非理性投资行为而导致或者有意导致证券价格较大幅度偏离其内在价值，则会使资本市场的运行失序，市场效率降低。

第二，基金是一种通过"组合投资"来实现"风险分散"的投资方式。"组合投资、分散风险"的科学性已被现代投资理论所证明。资金量有限的个人投资者往往因为直接参与资本市场却无法分散投资来管理和控制风险而被屏蔽在资本市场之外，而基金是一种兼而有之的创设，使得普通投资者能够减少货币资金的闲置，分享资本市场的收益。如果基金管理人在组合投资的构建和资产分散以控制风险方面不能比普通投资者做得更好，那就不容易实现更好的业绩。在我国，由于基金发展的偏误以及资本市场规模有限，常常会出现基金集中投资和跟风投资的情况，破坏了基金和资本市场之间的良性互动关系。

第三，基金的基本原则是"利益共享、风险共担"。基金的投资者是基金的所有者，基金的收益在扣除应由基金承担的费用（主要是基金的管理费和托管费）后的盈余归基金投资者所有，盈余按其投资的份额进行比例分配；当然，如果基金发生投资亏损，亏损部分也由投资者按投资份额比例分摊。这是投资者最容易接受的"收益—风险"匹配原则。但是在我国基金的实际运行中，基金投资者对基金和其他证券，尤其是和股票的认知区别并不明显，而基金经理管理基金的战绩并不总是能在较短的时间内体现出来的，基金投资者急躁的负面情绪会给基金管理者造成较大压力而出现偏离专业路线的判断投资行为，干扰资本市场的正常运行。

（2）证券投资基金的严格管理。

证券投资基金本质上构成的是投资者与基金管理人之间的信托关系，存在"委托—代理"问题，因此基金与资本市场的相互推进、良性发展离不开对基金的严格管理。严格管理的核心是信息透明，严格管理的力量则来自三个方面。

第一方面是独立第三方。基金管理者是信托关系中的"代理人"，它制定并执行其承诺的合同条款。如果仅用有基金管理者的自律来保证承诺被正确执行，就存在明显的道德风险空间，投资的结果很可能是不尽如人意的。引入独立第三方作为基金的托管人，监督基金管理人的投资行为是符合基金合同的约定条款的，这就能在很大程度上保证基金的运行"正轨"，并能在发生"偏轨"时及时被发现和纠偏。我们在基金发展逐渐完善的过程中也引入了托管人角色，但是基金托管人相对于基金管理人不能保持"独立"的立场，基金管理人有权选择并决定基金托管人以及有权申请撤换托管人。而基金托管费是由基金管理人按所托资产净值的既定比例计算的，因此托管人的托管费收入很大程度上依赖基金管理人，托管人没有履行监管基金管理人职责的动力。

第二方面是投资者。证券投资基金的投资者作为"委托人"是处于弱势的一方，如果没有有效克服其弱势的机制，基金市场就会像"柠檬市场"一样萎缩直至消亡。如果基金运行过程信息透明、及时，投资者能够获知基金管理人是否是按照事先确定的方针和方案操作，以及相对于资本市场本身基金的整体表现，那就能使投资者作为一种筛选和评价基金的市场力量实现基金行业的优胜劣汰，继而优化资本市场的运行环境。我国引入基金持有人大会制度，并将其作为基金管理公司的最高执行标准。但实践中，基金持有人大会基本没有实际履职，基金持有人普遍缺乏参与基金管理的热情，不定期的持有人大会规定也使基金持有人几乎总是忽略监督管理基金这一基本又重要的权利。

第三方面是行业协会。基金行业协会是基金行业良性竞争和健康发展的维护者和推动者。行业协会通过制定行业标准来规范基金组织及从业人员的执业行为，教育基金组织遵守相关法律法规，调解基金组织与投资者之间的纠纷，同时还通过组织行业交流，推动基金行业创新和发展，并开展宣讲活动教育投资者。所以基金行业协会也是从促进基金管理人规范和投资者成熟两个方面助力基金与资本市场的良性关系。但是行业协会本质上是一个行业自律组织，其对基金管理人的监督也是自律性质的，它对协会成员的监管主要依赖自律组织的章程，对违反协会章程的基金管理人是通过警告、暂停直至取消会员资格予以处罚的，缺乏有效监管的力度。

5.2 我国基金市场的发展

新中国成立以来，证券投资基金是在政府的主导下出现的，而不是在市场进化中自然产生的。基于对证券投资基金对资本市场积极作用的实证研究和实践效果的认同，我国在建立证券市场之初就同步引进了证券投资基金，期望资本市场与证券投资基金能相互促进、共同繁荣。以1991年设立的"武汉证券投资基金"和"深圳南山风险投资基金"为起点，近30年来，随着资本市场的波动，我国基金发展经历了试点、整顿、规范、深化的起起伏伏。

5.2.1 我国基金发展的试点阶段（1991年10月至1997年10月）

自1991年10月设立"武汉证券投资基金"和"深圳南山风险投资基金"至1997年11月颁布的《证券投资基金管理暂行办法（1997）》是我国基金行

业发展的试点阶段。在这 6 年期间，我国基金业经历了起步、摸索、反复和整顿阶段，逐渐形成了基金行业的雏形。

在我国，投资基金的概念和实践最早可以追溯到 1987 年中国人民银行、中国国际信托投资公司与国外一些机构合作推出的面向海外投资人的国家基金。1989 年第一只中国概念基金是香港新鸿信托投资基金公司推出的"新鸿中华基金"，之后一批海外基金纷纷设立，为中国投资基金业的起步和发展奠定了基础。

1991 年 10 月，武汉证券投资基金和深圳南山风险投资基金分别经中国人民银行武汉市分行和深圳市南山区人民政府批准设立，募资规模分别为 1000 万元和 8000 万元，这两只基金的设立被认为是开启中国投资基金业大门的标志。同时，由于我国诞生了上海和深圳两个证券交易所，中国证券市场试点工作正式启动，基金业也因此具备了发展的前提和基础，并随着我国证券市场的波动在起伏中不断推进。

1992 年起，我国投资基金业开启了较为顺畅的发展之路。当年由中国人民银行各级分行批准设立的投资基金多达 37 只，募资规模共计 22 亿元。同年 6 月，我国第一只公司型封闭式投资基金——淄博乡镇企业投资基金获中国人民银行批准在北京设立。同年 10 月，国内首家基金管理公司——深圳投资基金管理公司正式获批成立。至 1993 年底，国内已有基金公司约 70 家，管理资产市值约 40 亿元。已经设立的基金纷纷进入各地局域性二级市场流通。其中，1993 年 6 月，由 9 家中方金融机构与美国波士顿太平洋技术投资基金一起设立了上海太平洋技术投资基金，这是我国第一只在境内设立的中外合资投资基金，募资规模为 2000 万美元。1993 年 8 月，淄博乡镇企业投资基金在上交所公开上市，成为我国基金公开上市交易的重要里程碑。1994 年 3 月 7 日，沈阳证券交易中心和上交所联网运行；3 月 14 日，南方证券交易中心同时与沪深证券交易所实现联网；1996 年 11 月 29 日，建业、金龙和宝鼎基金也在上交所上市交易。全国各地局域性证交中心陆续与沪深证券交易所联网意味着我国全国性基金交易市场正在形成，这也是基金大发展重要的基本市场条件之一。

至此，可以说我国基金市场无论基金数量还是资金规模，都算得上是成绩傲人，从政策先行到中外合资基金设立，再到基金的上市交易，打通基金运作的全部流程大约用了一年的时间。同时也由于发展势头过猛，其设立和运作存在较为明显的随意性，表现出发展与管理相脱节。1993 年 5 月 19 日，中国人民银行总行发出紧急通知，要求各省级分行立即制止不规范发行投资基金和信托收益凭证的市场行为。各省级人民银行遂未再批设任何新基金，同时把工作重点放在已经设立的基金的规范化和已经获批拟设基金的发行上来。1994 年下半年，我国开始了一系列以整顿金融市场秩序、实现经济软着陆为目标的措施。在 1995 年 5 月 22 日召开的国务院证券委员会第五次会议和 6 月 15 日召开的全国证券期货监管工作会议上先后提出，中国证券市场要在"以规范促进发展、通过发展求得规范、发展才是硬道理"的战略思想指导下，坚持证券市场发展的"监管、法制、自律、规范"八字方针，这也带动中国证券投资基金业进入了规范整顿阶段，发展速度有所放缓，直到 1997 年 10 月《证券投资基金管理暂行办法》出台。

在新基金的批设重新开闸之前，全国各地共设立投资基金 75 只，其中基金类凭证 47 只，共募集资金 73 亿元。这些基金全部为封闭式基金，在沪、深两个证券交易所上市交易的有 25 只，占两市交易品种的 3%，市值达 100 亿元。25 只上市交易的基金中，规模超过 2 亿元的有 7 只，1 亿~2 亿元的有 7 只，另外还有 38 只基金在全国各地局域性证券交易中心挂牌交易，其中天津有 9 只，南方地区有 10 只，武汉有 12 只，大连有 7 只。总体来看，这一时间段是我国基金业发展的起步阶段，基金公司少、产品同质化、资金规模小、基金资产缺乏流动性、市场扩容有限，基金产品所募集的社会资金与银行储蓄存款的比值仅为 0.5%，与全国股份公司总股本的比值为 4%，与全国上市股票市值的比值为 2.2%，基金在资本市场发挥的作用尚未显现。这一阶段我国基金市场乱象较为严重，主要表现为：由于基金规模小，分散投资且收益稳定的难度大，市场操纵和过度投机现象较为普遍；基金成立不规范，大多数基金发起人主要为一家金融机构，且绝大多数基金设立时发起人没有用自有资金认购份额，甚至存在发起人既是基金管理人，又是基金托管人的情况，违背了基金管理者和资产保管者分离的原则，导致缺乏内部利益制衡机制，基金运营很容易产生越权行为并导致投资者利益受到侵害；基金运作不规范，这一阶段我国的基金主要是封闭式基金，但实际运行中没有明确基金的存续期，甚至任意扩大基金额度也成了惯例，基金运行名"封"实"开"。如此"对投资者封闭对基金管理人不封闭"，使得投资者事先无法锁定风险边界，也给基金管理人提供了肆意操作的空间。

5.2.2 我国基金业规范成长阶段（1997 年 10 月至 2004 年 6 月）[①]

1997 年 10 月，《证券投资基金管理暂行办法》的颁布标志着我国证券投

---

① 这一部分数据主要来自《2006 中国证券投资基金业年报》。

资基金正式步入规范发展阶段。基金规范发展在实践上则是以1998年3月"国泰"和"南方"两个第一批规范运作的基金公司成立，并分别发行规模20亿元的"金泰"和"开元"基金为标志的。我国证券投资基金业由此开启了大发展的历程，从封闭式基金到开放式基金，从成长型基金到价值型基金，从股票型基金到债券型基金，并有了一系列的指数型基金，证券投资基金品种日渐丰富，创新层出不穷，资产规模和产品结构全方位快速发展，已经成为我国资本市场不可忽略的重要力量，直到2003年10月第十届全国人大常委会第五次会议通过了《证券投资基金法》[1]将基金业的发展推入了新的阶段。这一期间，我们也经历了1999年封闭式基金快速扩容和2000年封闭式基金上市即跌破发行价的波动情况。

事实上，早在1994年7月，中国证监会就同国务院有关部门提出，要着力培育机构投资者，发展我国的共同投资基金，试办中外合资基金管理公司，逐步吸引国外基金投资国内A股市场。但是由于法律滞后、行政叫停，截至1996年年底，我国待批基金已积累达数百只之多。1998年3月，开元、金泰两只投资基金公开发行上市，开启了我国封闭式证券投资基金发展的新篇章。1998年，我国共成立了5只第一批封闭式基金：开元、金泰、兴华、安信和裕阳。至2001年，我国已有基金管理公司14家，封闭式证券投资基金34只。

2001年9月，经管理层批准，由华安基金管理公司成立了我国第一只开放式证券投资基金——"华安创新"，开放式基金开始获得了超常规的大发展，基金规模迅速扩大，至2002年年底，开放式基金猛增到17只。华安创新基金的设立掀起了一股基金产品的创新浪潮，先后出现了债券型基金、指数型基金、货币市场基金、保本型基金、LOF、ETF等基金产品。2002年11月，证监会颁布了《合格境外机构投资者境内证券投资管理暂行办法》。其后，QFII公布的上市公司调研名录充分显露成熟市场证券投资基金价值投资的操作取向，对我国的内资基金投资起到了较有冲击力的影响和引导。

发展步入规范的6年里，我国的基金行业已经初具规模，主要表现为以下两个方面。

第一，证券投资基金规模不断扩大。不仅是基金总规模扩大，单只基金规模也越来越大。如表5-1所示，1998年底有5只基金，2003年底已经有110只。截至2003年底，我国共设立封闭式基金54只，发行规模817亿元；开放式基金56只，发行规模1223亿元。按首发规模计算，全部基金首发筹资额与沪、深两市A股股票市值之比为18%，与GDP之比约为4%；基金持有股票

---

① 该法自2004年6月1日起实施。

市值占 A 股流通市值的比重为 7.66%，成为中国证券市场最重要的机构投资者，也逐渐发展为金融行业中一个独立的子行业。

表 5-1　1998~2003 年基金数量及其管理资产情况

年份	1998	1999	2000	2001	2002	2003
基金数量（只）	5	23	41	52	71	110
增长率（%）	—	360	130	27	37	55
基金净值（亿元）	106	574	846	821	1205	2561
增长率（%）	—	442	47	-3	47	113

第二，证券投资基金机构数量迅猛增加。如表 5-2 所示，1998 年底有 6 家基金管理公司，随后几年陆续增设，至 2003 年底，我国共有 34 家基金公司。

表 5-2　1998~2003 年基金公司数量情况

年份	1998	1999	2000	2001	2002	2003
基金公司数量（家）	6	10	10	15	21	34
增长率（%）	—	67	0	50	47	62

5.2.3　我国基金业加速发展阶段（2004 年 6 月以后）

于 2003 年 10 月颁布并于 2004 年 6 月 1 日起开始实施的《证券投资基金法》是我国基金业新的发展阶段的重要节点。自 2004 年 6 月起，我国基金业呈现一个先平稳上升，到 2007 年后开始快速增长的发展路径。

2005 年 2 月 20 日，中国人民银行、银监会、证监会联合发布了《商业银行设立基金管理公司试点管理办法》，首批试点成立了工银、交银、建信等银行系基金管理公司，旨在提高基金组织的专业和规范水平。随之信托公司、财务公司、保险、社保以及企业年金等其他机构投资者也逐步加入基金管理公司的行列，从此开启了基金业加速规模化扩张的市场局面，如表 5-3、表 5-4 所示。

表 5-3　2004~2006 年基金发展情况

年份	2004	2005	2006
基金数量（只）	161	218	307
增长率（%）	46	35	41
基金持股/A 股流通市值（%）	14	16.8	20.3
基金公司数量（家）	45	53	58
基金净值（亿元）	3246	4691	8565

表 5-4　2006 年基金管理公司股东类别情况

股东类别	证券公司	商业银行	信托公司	财务公司	其他金融机构	上市公司	一般企业	外资公司
占比（%）	28	2	17	3	6	12	20	12

自 2007 年起，在我国资本市场情绪高涨的背景下，基金在股票投资上也大幅放量，超过 8620 亿元，较 2006 年增长了 3.5 倍。2007 年股票型基金月均发行规模达到 379 亿元，不少基金在发售首日就达到募集规模上限，基金投资的热情高涨，这表明基金已经成为广大投资者重要的投资方式之一。至 2007 年年末，我国共有基金份额 2.23 万份，基金所持股票净值约为 3.28 万亿元，占沪深 A 股流通市值的 33%，约为当年 GDP 的 13%，其对资本市场已经产生了越来越重要的影响。其中，基金所持的股票市值中约有一半为保险、社保、私募、QFII 等机构投资者所持有，它们已经成为最重要的机构投资者。同时基金行业市场地位分化现象日益明显，市场集中度进一步提高，品牌基金公司显著占优。截至 2008 年第一季度末，有 5 家基金公司管理资产规模超过 1000 亿元，前 10 家基金公司管理资产规模占到市场总额的 50%，而小的基金公司所管理的资产总规模仅为 12 亿元。

随着资本市场的大起大落，2008 年以后，我国基金市场上各类基金产品发展速度也发生了较大的变化。股票型基金不再是一枝独秀，债券型基金、ETF、LOF、货币市场基金等先后壮大，无论是基金数量、募资金额，还是其资产规模在基金市场上的占比都有较大幅度的提高，甚至 QDII[①] 也有了数百亿元的增长。

---

①　2007 年 6 月，证监会发布《关于实施〈合格境内机构投资者境外证券投资管理实施办法〉有关问题的通知》，为国内基金公司投资海外证券市场开辟了通道。2008 年 4 月，证监会发布了《关于证券投资基金管理公司在香港设立机构的规定》，基金业对外开放程度进一步提高。

2012 年 9 月，中国证监会先后公布了《证券投资基金管理公司管理办法（修订版）》和《基金管理公司特定客户资产管理业务试点办法》，同年 10 月又公布了《证券投资基金管理公司子公司管理暂行规定》，这为基金行业增强了活力，拓展了发展空间，鼓励基金行业展开差异化、专业化的市场竞争，促进基金公司向现代财富管理机构转型。这些法规在优化基金公司准入政策，简化审批，便利民资进入，放松股权比例限制，推进基金公司股权多元化，完善公司治理，延长主要股东持股锁定期，健全和强化资本约束，允许基金公司设立控股子公司从事基金相关的业务，鼓励业务创新，丰富基金公司组织结构和业务类型等方面做出了新的突破，继续推动基金行业的加速发展。至 2016 年底，虽然绝大多数（约有 73%）的基金公司仍有国有企业参股，49% 的有民资参股，41% 的有外资参股。

值得一提的是，2010 年 1 月 11 日，根据《中国证监会证券投资基金评价业务管理暂行办法》，中国证券业协会颁布了《证券投资基金评价业务自律管理规则（试行）》，明确了基金评价机构的入行标准和开办程序，并于 2010 年 5 月 17 日根据专家评估结果和监管部门的意见，正式公布首批 10 家基金评价机构名单。

5.3 我国基金监管制度及演进

证券领域的监管机制始于 20 世纪 30 年代的世界性经济危机。在理论上经过了较长时间的争论，实践上不断完善和反复。经过近百年，焦点已经从"要不要监管"切换成"该怎样监管"和"监管什么"，从而产生了"政府监管"和"市场监管"两种框架。我国的基金是一开始就是由政府引入并推动的，在监管上自然而然地定位为"政府监管"模式，也已形成以《中国证券投资基金法》为主要监管法律法规支柱，以中国证监会、中国人民银行、沪深两大证券交易所和基金业协会为监管主体的监管体系。

5.3.1 我国基金监管的主要法律法规

（1）《证券投资基金管理暂行办法》。

1997 年 11 月 14 日，在我国基金试行 6 年后，由国务院证券委员会颁布了第一个规范基金发展的纲领性文件《证券投资基金管理暂行办法》。为加强对证券投资基金的管理，保护基金投资者的合法权益，促进证券市场的健康、稳定发展，该文件对证券投资基金的设立、募集与交易，基金托管人、基金管理人和基金持有人的权利和义务，投资运作与管理等方面做了明确规范。该办法直到 2012 年被新颁布的《证券投资基金管理公司管理办法（2012）》所取代。

（2）《关于完善基金管理公司董事人选的通知》。

2001 年 1 月 16 日，证监会颁布了《关于完善基金管理公司董事人选制度的通知》。该通知较为全面和详细地规定了基金管理公司董事会聘任董事的数量、任职条件、职责权利、选举和任免程序以及津贴标准等。该通知旨在进一步完善基金管理公司的治理结构，促进基金公司规范、独立运行，以保护全体股东利益和维护基金投资者的合法权益。

（3）《证券投资基金管理公司内部控制指导意见》。

2002 年 2 月，证监会出台了《证券投资基金管理公司内部控制指导意见》，以促使基金管理公司加强内部控制工作，促进基金公司诚信、合法、有效经营，保障基金持有人利益。该意见同时要求基金公司清理、修改、完善公司的内控制度，建立合适自己情况的内部控制体系并保证有效执行。

（4）《开放式证券投资基金试点办法》。

2001 年 10 月，证监会颁布了《开放式证券投资基金试点办法》。由于开放式基金具有流动性好、透明度高、便于投资、市场择时性强等特点，该办法就如何规范开放式证券投资基金的公开募集、设立、赎回、运行及操作、信息披露、费率标准等方面做了规范和程序要求，旨在吸引更多的普通投资者借道基金进入资本市场，促进资本市场改善投资者结构以及健康发展。

（5）《中国证券投资基金法》。

2003 年 10 月 28 日，第十届全国人大常委会第五次会议通过了《中国证券投资基金法》（以下简称《基金法》），并要求该法于 2004 年 6 月 1 日起开始施行。2012 年 12 月 28 日，第十一届全国人大常委会第十三次会议颁布了该法的修订本。当前实施的是 2015 年 4 月 24 日第十二届全国人大常委会第十四次会议审议通过的修订本。《基金法》的订立和实施是我国基金业发展历史上最重要的事件和节点。该法案订立的宗旨是：规范证券投资基金活动；保护投资者及相关当事人的合法权益；促进证券投资基金和资本市场的健康发展。

《基金法》明确表述了投资基金的设立和运行应当遵循以下四项基本原则：第一，基金持有人的有限责任原则（无责任原则）；第二，基金持有人的利益最大化原则；第三，承担社会责任的原则；第四，维护金融秩序、防范金融风险原则。从基金管理人、基金托管人、基金投资人、基金服务机构、基金行业协会等相关主体到基金的公开募集、交易、申购、赎回、投资、信息披露、合同变更、财产清算等运行活动以及监督管理等方面对基金从设立到终止的各环节、全过程做出了规定，是我国基金行业管理基本和主要的法律依据。

《基金法》以法律形式明确了基金业在资本市场中的地位和作用，即明确规定基金份额持有人大会制度，保障了基金持有人的话语权及利益。法案规定，基金持有人大会应当有 50% 以上基金份额的持有人代表参加方可召开；大会就审议事项作出的决定，应当经参加大会的基金份额持有人所持有的表决权的 50% 以上通过方可生效；转换基金运作方式、更换基金管理人或基金托管人或提前终止基金合同等审议事项，还应经参加大会的基金份额持有人所持表决权的 2/3 以上通过才可执行。由此充分体现了保护大多数投资者利益的原则。《基金法》强调基金托管人的资格条件和监督职责，以促进基金完善内部治理结构。法案规定，我国的证券投资基金属于契约型基金，从监管制度设计上强调了基金托管人除了对基金资产进行保管之外，还赋予其监督基金管理人的权利，通过法规使基金托管人和基金管理人拥有平行的法律地位来确保基金的运作按法规要求和基金契约进行，当基金管理人的指令与法律法规或基金契约规定不相符的时候，基金托管人有权拒绝执行，并报告监管部门。《基金法》还明确了基金托管人的资格和职责，同时也规定监管机构可以依法责令有违法违规行为或不再具备有关条件的基金托管人整顿或取消其基金托管资格。另外，《基金法》还规定基金托管人与基金管理人不得为同一人，且不得相互出资或持有股份，由此确保基金托管人与基金管理人的相互独立，进一步增强了基金托管人对基金管理人监督权利的有效性。

《基金法》中有严格的信息披露制度，对基金管理人、基金托管人等信息披露义务人的信息披露义务及信息披露的时间、方式、内容等均有明确表述，以保证基金运行的透明度，这可以视为我国基金监管从行政性监管向市场化监管方向迈进的信号。同时，《基金法》还就信息披露做了禁止性规定：不得有虚假记载、误导性陈述或重大遗漏；不得对证券投资业绩进行预测；不得违规承诺收益或承担损失；不得诋毁其他基金管理人、基金托管人或基金份额发售机构等。这些规定不仅保护了基金投资者的知情权，促进基金业的透明化和规范化发展，也促进基金市场公平竞争和净化基金市场形象。

（6）《证券投资基金管理公司管理办法》。

2004 年 9 月 16 日，证监会公布了《证券投资基金管理公司管理办法》。2012 年 9 月 20 日，证监会又公布了该管理办法的修订版。《证券投资基金管理公司管理办法》是就基金管理公司的设立、变更、解散，子公司及分支机构的设立、变更、撤销，基金管理公司的治理、经营和监督管理等做出的规范性要求。

（7）《证券投资基金运作管理办法》。

《证券投资基金运作管理办法》在 2004 年 6 月 4 日经证监会主席办公会议审议通过、颁布施行，并于 2012 年 6 月 19 日公布了修订版。该办法是关于基金的募集、基金份额的申购和赎回、基金的投资和收益分配、基金份额持有人大会、监督管理和法律责任等方面的规定。

（8）《证券投资基金信息披露管理办法》。

《证券投资基金信息披露管理办法》于 2004 年 3 月 30 日由证监会主席办公会议审议通过并颁布实施。2019 年 7 月 26 日，该管理办法的修订意见经证监会委务会审议通过并予以公布，自 2019 年 9 月 1 日起施行。该管理办法主要是为了规范证券投资基金的信息披露活动，保护基金投资人及其相关当事人的合法权益。修订版主要是优化了指定信息披露媒体制度，简化了报刊披露内容；强调了信息的简明性和易得性，引入基金产品资料概要，提高为投资者提供服务的水平；强化了风险揭示等关键信息的披露，以增强对基金投资者的保护力度；加强了事中和事后监管，引导机构落实合规主体责任。

（9）《商业银行设立基金管理公司试点管理办法》。

2005 年 2 月 20 日，中国人民银行、证监会、银监会联合制定并公布了《商业银行设立基金管理公司试点管理办法》，就商业银行出资设立基金业务企业的业务范围、审批程序、风险控制、监督管理等方面给出了约定和规范。该办法旨在落实国务院颁布的《关于推进资本市场改革开放和稳定发展的若干意见》，促进金融市场协调发展，培育机构投资者，鼓励金融创新，保证商业银行设立的基金管理公司试点工作顺利进行。

（10）《证券投资基金销售管理办法》。

2011 年 6 月 9 日，中国证监会发布了《证券投资基金销售管理办法》，2013 年 2 月 17 日对其进行了修订，并于 3 月 15 日颁布了新办法，要求自 2013 年 6 月 1 日起正式施行。该办法主要是关于基金销售机构、基金销售支付结算、基金宣传推介材料、基金销售费用、销售业务规范、监督管理和法律责任等方面的规定，以期厘清基金销售业务的边界，将各类销售相关主体都纳入监管视野，强化基金销售机构的准入要求和风险控制要求，规范基金销售秩序，培育基金行业良性发展的生态环境。

5.3.2　我国基金监管制度演进的重点内容

我国基金业从一开始就是在政府的管理下发展开来的。随着资本市场和基金行业的变化，政府监管基金的制度也在不断完善。尽管存在政出多门、监管重叠的问题，但监管的法律、法规和文件都坚持着以政府审核为核心的监管模式，主要围绕市场准入和信息披露两个方面的重点建设展开。

（1）市场准入条件。

我国引入基金之初首先是从规定哪些主体可以开办基金业务着手的，这是政府为主的行业监管体系的根基，是保护基金投资者合法权益，促进基金业务服务者恪尽职守、谨慎勤勉、诚实守信，维护基金市场秩序的前提。《中国证券投资基金法（2015）》的表述集所有相关法规内容之大成，是最为权威和全面的，它与《信托法》和《证券法》一起构成了我国基金业市场准入的完整要求。这些法律从基金管理人及其经理人、基金托管人、基金相关服务机构、基金行业协会和基金投资者等方面做出了全覆盖的规定。其中，对基金管理人的要求是最重要的部分。

对于基金管理人，我国监管法律法规要求了其所应具备的人、财、物的最低条件。我们强调，基金管理人注册资本须为实缴货币资本，且不低于1亿元。主要股东应当具有经营金融业务或管理金融机构的良好业绩、良好的财务状况和社会信誉，资产规模达到国务院规定的标准，最近三年没有违法记录；有良好的内部治理结构、完善的内部稽核监控制度和风险控制制度；基金管理人变更持股5%以上股权的股东、变更公司实际控制人、变更其他重要事项时应报请证监管理机构批准。同时我国监管法律法规对基金管理人的董事、监事、高管和从业人员的任职资格做出了明确的限制性规定：因犯贪污贿赂、渎职、侵犯财产罪或破坏市场经济秩序罪被判处刑罚的，五年内对所任职公司、企业因经营不善破产清算或因违法被吊销营业执照负有个人责任的董事、监事、厂长、高管，个人所负债务数额较大且到期未清偿的，因违法行为被开除的基金管理人、托管人、证券交易所、证券公司、证券登记结算机构、期货交易所、期货公司及其他机构的从业人员和国家机关工作人员，因违法行为被吊销执业证书或取消执业资格的律师、注册会计师、资产评估和验证机构的从业人员、投资咨询机构的从业人员不得担任基金管理公司的董监高或从业。

基金管理人的董事、监事、高管和其他从业人员其本人、配偶、利害关系人进行证券投资时，应当事先向基金管理人申报，并不得与基金份额持有人发生利益冲突。基金管理人应该建立上述规定人员进行证券投资的申报、登记、审查、处置等管理制度，并报至国务院证券监督管理机构备案。基金管理人的董事、监事、高管和从业人员不得担任基金托管人或者其他基金管理人的任何职务，不得从事损害基金财产和基金份额持有人利益的证券交易及其他活动。

对基金管理人及其董事、监事、高管及其他从业人员应有禁止性行为要求：不得将其固有财产或他人财产与基金财产混同从事证券投资；不得歧视性对待所管理的不同基金财产；不得利用基金财产或职务之便为基金份额持有人以外的人谋取利益；不得向基金份额持有人违规承诺收益或承担损失；不得侵占或挪用基金财产；不得利用职务之便获取未公开信息并利用该信息从事或者明示、暗示他人从事相关交易活动；不得玩忽职守等。

基金管理人的股东、董事、监事、高管在履职时应遵循基金份额持有人利益优先原则，并鼓励专业人士持股计划，以形成长效激励约束机制。同时要求基金管理人从管理基金的报酬中计提风险准备金，基金管理人因违法违规或违反基金合同而给基金财产或基金份额持有人的合法权益造成损失应当承担赔偿责任，优先由风险准备金予以偿付。同时还专门强调了基金财产的独立性：基金财产不得计入基金管理机构及托管机构的资产；不得因基金管理机构或托管机构依法解散、依法撤销或依法破产而进行清算；不得以基金财产的债权抵消基金管理机构或托管机构的债务；不同基金财产的债权债务不得相互抵消。对不符合监管法律规定的证监机构责令限期改正；逾期未改或其行为严重危及该基金管理人的稳健运行、损害基金份额持有人合法权益的，证监机构可以区别采取限制业务活动、限制分红、限制向"董事、监事、高管"支付报酬和提供福利并限制其转让固有资产或锁定其相关权利、责令更换"董事、监事、高管"或限制其权利、责令有关股东转让股权或限制有关股东行使股东权利等措施。如果基金管理人违法经营或出现重大风险，严重危害证券市场秩序，损害基金份额持有人利益，证监机构可以对其采取停业整顿、指定接管或托管、取消经营资格等措施，对其董监高可以采取限制出境、限制转移或处置财产等措施。

对于基金托管人，法律也有准入的要求：规定依法设立的商业银行或其他金融机构才能担任基金托管人，托管人资格由银监机构或证监机构核准。对基金托管人有净资产、风控指标和内部稽核制度、基金从业资格人员数量、保管基金财产的安全条件、清算及交割系统条件、营业场所、安防设施等方面的要求，同时还要求设立专门的基金管理部门。强调基金管理人和托管人不得同为一个机构，也不得相互出资或持股。法律明确表述了基金托管人的职责，并要求托管人如果发现基金管理人存在违法违规或违反基金合同约定时，应拒绝执行、通知基金管理人并报告证监机构。

（2）信息披露要求。

在我国较早的基金管理规范《证券投资基金管理暂行办法》和《开放式证券投资基金试行办法》中就有关于基金信息披露的要求。文件规定了信息披露的义务人及其所应履行的义务，并规定了证监会为证券投资基金信息披露监管人，也详细规定了证券投资基金须披露信息的形式和内容，并明确了基金信息披露中的禁止性行为，试图构建基金发展的基本前提条件之一，搭建基金管理人和基金投资者之间沟通的桥梁。后来的《基金法》以及其他法规中，信息披露都是其中的重点表述内容。《基金法》对公募基金的投资和信息披露做出了指导性规定，要求公募基金只能投资于上市交易的股票、债券以及证监机构规定的金融产品，不得承销证券、贷款或担保、向基金管理人或托管人出资，也不得从事内幕交易、操纵证券交易价格及其他不正当证券交易活动等。对基金禁止公开披露的信息做了专门的表述：不得虚假记载、误导性陈述或者出现重大遗漏；不得对证券投资业绩进行预测；不得承诺收益或者承担损失；不得诋毁其他基金管理人、基金托管人或基金销售机构等。

虽然信息披露已经作为基金市场发展的主要支柱，但是信息披露的体系仍然不够完善。主要体现在以下四个方面。

第一，尚未形成系统性的基金信息披露指引规则，基金信息披露的准确性、规范性、可信性都大打折扣，影响了基金的整体社会形象。最直接的表现是，基金公司每一次高层人事调整的信息披露，都会对旗下基金业绩产生较大的负面影响。

第二，基金信息披露及时性不够、有效性不足[1]。尽管已经对信息披露的具体内容与格式都做了较为全面的规定，但基金的信息披露主要是上市交易公告书、年度报告、半年度报告以及季度报告，这明显滞后于投资者做决策时对信息时效性的要求。

第三，基金信息披露可能是被动和片面的。基金市场中竞争激烈，主动信息披露的重要性已经为基金管理人所认同。但是基金管理人往往是最大化披露对自己有利的信息而尽量回避对自己不利的信息，甚至存在为了赶规则要求的信息披露时点而粉饰投资操作的情况。

第四，基金信息披露内容烦琐。在我国《证券投资基金招募说明书的内容与格式（2004）》中要求基金招募需要披露的内容包括24大项，包括基金生效日期、风险提示、基金管理人、基金托管人、相关服务机构、基金名称、基金类型、投资目标、投资方向、投资策略、业绩比较标准、风险收益特征、投资

---

① 《证券投资基金信息披露管理办法》第十八条至第二十条规定，基金管理人应当在每年结束之日起90日内编制完成基金年度报告，并将年度报告正文刊载于网站及指定报刊上；于上半年结束之日起60日内编制完成基金半年报告；基金管理人应当在每季度结束之日起15个工作日内编制完成基金季度报告。但是法规并没有规定上述表述的时间段内基金投资的仓位不能调整，也没有要求仓位调整应当公告。

组合报告、费用标准等方面。按规定要求披露的信息，字数繁多，但重点不突出，对投资者做出投资选择时，提供信息的有效性降低。

5.3.3 我国基金监管制度评价和展望

政府核准制的监管框架，对我国证券投资基金业的发展产生了积极的推动作用，也为我国资本市场的平稳运行提供了有效的助力，从制度设计上避免了基金市场的无序及其对资本市场可能造成的异常波动。同时，对基金运行的限制性规定旨在引导基金进行分散投资、控制风险、避免市场操纵和侵害投资者利益、督促基金从业相关机构和人员规范行为、稳健运营。但是我们也应该注意到，随着基金业的发展和资本市场的成熟，继续延续政府监管模式可能不利于基金业的长远发展，主要体现在以下两个方面。

一方面，市场准入和运行核准的监管制度容易造成制度依赖，使投资者对基金的监管愿望和监管能力被削弱，也使基金从业机构的投资行为在一定程度上异化为应付合规，如此会失去投资者和监管者两头加压以促使基金管理者为谋求投资收益的提高而谨慎选择投资产品、积极行使上市公司股东权利并最终推动资本市场质量改善的作用。

另一方面，即使再严格的制度也无法穷尽对全部市场行为的表述和覆盖，人为设计的制度总是存在不尽合理的缺陷或漏洞，同时制度的更新往往滞后于实践的发展，这都容易使监管制度成为行业要求的底线，从而降低了整个基金行业的执业标准。行政化监管弱化了市场化约束机制，还可能造成巨大的寻租空间，使基金市场运行环境恶化。同时，为了保护中小投资者利益而约定的基金只能投资于股票市场、债券市场和货币市场，限制了基金投资专业化的发挥空间，无法利用必要的金融工具对投资组合进行风险对冲，使其在与其他金融机构和产品的竞争中处境不利，因此丧失对投资者的吸引力。而我国资本市场相对规模还不够大，可供基金投资的品种和数量相对有限，严格的规定容易导致各只基金被动"抱团"，通过持股集中度提高而获得更高收益。

未来，基金监管制度进一步演化和变迁的方向可能是动态化综合监管。基金市场动态化综合监管模式总体发展思路可以概括为："三位一体，协同监管"。"三位一体"是指同时综合考虑三种监管方式，一是通过制定法律法规来规范市场中基金公司的行为，使其在法律约束下进行自律监管；二是行政监管，即通过建立权威性的、全国统一的投资基金管理机构，代表政府对基金市场的发展实施监督、检查、引导和控制；三是通过建立和完善行业自律机制，使基金行业组织协会在基金行业发展中发挥更加突出的监管作用。"协同监管"是指在投资基金市场发展过程中，针对投资基金市场的发展目标和具体运行状况，恰当地处理和划分政府管理、行业自律和基金公司自我管理的范围及重点，避免监管中的错位或遗漏，同时做到宏观目标和微观目标，近期目标与长远目标的协调发展。

从具体操作上来说，可以分为三个方面。首先，政府监管职能的完善和强化。从世界各国投资基金市场的发展历程来看，各国基金主管部门一般由中央银行或财政部移交给证券管理、监督机构。在我国目前投资基金存在多头管理的形势下，发挥政府监管职能的首要任务就是要顺应国际发展趋势，确定我国的投资基金主管机关，实施统一集中的管理，负责清理和梳理投资基金管理有关的法律和政策；设计投资基金市场的总体发展规划；监督基金法规的实施；依据国家其他宏观经济政策配合调整基金发行数量或结构，引导投资基金市场合理配置社会资源；有效地保护投资者的合法权益，规范机构投资者；制定基金上市标准或应具备的条件，确保上市基金的素质，监管其行为是否符合规定；及时公布有关信息；处罚违法违规行为等职责。其次，强化基金行业自律组织职能。主要负责制定基金业执业守则；推广基金业务；扩大国内基金市场；监督会员基金管理公司的日常运作，使之规范化；培训基金从业人员；仲裁有关基金的纠纷；维护和树立基金业的良好社会声誉等职责。最后，强化市场化的约束机制。建立全国统一的基金评估机构；建立基金管理人市场评级体系。

6

期货市场发展现状与现行监管制度

期货市场最早萌芽于欧洲。早在古希腊和古罗马时期，就出现过中央交易场所、大宗易货交易以及带有期货贸易性质的交易活动。最初的期货交易是从现货远期交易发展而来。第一家现代意义上的期货交易所在 1848 年成立于美国芝加哥，该交易所在 1865 年确立了标准合约的模式。20 世纪 90 年代，我国期货交易所应运而生，目前已有上海期货交易所、大连商品交易所、郑州商品交易所和中国金融期货交易所 4 家期货交易所，其上市期货品种的价格变化对国内外相关行业产生了深远的影响。

6.1 中国期货市场发展历程

6.1.1 国际期货市场的形成与发展

期货（Futures）是包含金融工具或未来交割实物商品销售的金融合约，一般在交易所进行。1848 年，芝加哥期货交易所（CBOT）问世，标志着第一家现代意义上的期货交易所正式成立。1865 年，芝加哥期货交易所推出了标准化合约并实行了保证金制度，并于 1882 年允许以对冲方式进行履约，从而大大提高了期货市场的流动性。1925 年，第一家期货结算公司——芝加哥期货交易所结算公司（BOTCC）也正式成立。标准化合约、保证金制度、对冲机制与统一结算的实施，标志着现代期货市场的形成。

国际期货市场大致经历了由商品期货到金融期货逐步发展、交易品种不断增加、交易规模不断扩大的过程。从 1848 年芝加哥期货交易所诞生至 20 世纪 70 年代，农产品在期货市场中一直居于主导地位，交易品种包括小麦、玉米、大豆、棉花、咖啡、白糖等。1876 年，伦敦金属交易所（LME）成立，并成功推出铜、锡等金属期货。1933 年，纽约商品交易所（COMEX）成立，先后推出黄金、白银、铜、铝等交易品种，进一步促进了全球金属商品期货的发展。20 世纪 70 年代初的石油危机，造成了石油产品价格的波动，并直接导致了石油等能源期货的产生和发展。1978 年纽约商业交易所（NYMEX）成功推出了第一个石油期货合约——纽约取暖油期货合约。1981 年，伦敦国际石油交易所（IPE）推出重柴油（gas oil）期货交易，随后能源期货交易逐渐拓展到汽油、燃料油、天然气、电力等领域。随着汇率和利率的剧烈波动，金融期货也应运而生。1972 年，芝加哥商品交易所（CME）推出了包括英镑、加拿大元、西德马克、法国法郎、日元和瑞士法郎等货币在内的外汇期货合约。1975 年，芝加哥期货交易所推出第一个利率期货合约。随后，国债期货、股指期货等金融期货品种的丰富促进了金融期货市场的迅速发展，并对全球期货市场产生了深远的影响。

6.1.2　中国期货市场的发展历程

早在 20 世纪 20 年代，上海市已有期货交易所。1949 年新中国成立后，因为全面实行计划经济，期货交易被全面禁止，期货市场也失去了存在的必要性。计划经济时期，农产品、工业用品和生产资料等大宗商品均由政府统一定价，企业按照计划进行生产和分配，没有价格波动风险，也不存在对期货市场的内在需求。改革开放以后，农产品、工业品的购销制度逐步出现变化，价格改革成为了经济体制改革的必要条件，从而推动了期货市场的研究和建立。自改革开放以来，中国期货市场发展大致经历了以下四个主要阶段：

（1）起步探索阶段（1988~1993 年）。

改革开放起来，我国期货市场的起步可以追溯到 20 世纪 80 年代。自1978 年以来，随着农村家庭联产承包责任制的实施，农产品购销制度、工业品购销制度等流通价格体制逐步出现调整。1984 年 10 月，党的十二届三中全会明确提出要进行以价格为核心的经济体制改革，建立新的价格形成机制，以解决价格扭曲问题。1988 年 3 月，第七届全国人民代表大会第一次会议上的《政府工作报告》明确指出要研究和探索期货交易，同年国家成立了期货市场研究小组，对如何建立国内期货市场进行研究。自 1990 年起，国家在郑州、深圳、上海等地先后开设了期货交易试点。1990 年郑州粮食批发市场正式成立，标志着中国商品期货市场的诞生，该市场于 1993 年正式推出期货交易；1992 年，深圳有色金属交易所和上海金属交易所相继成立并开业。1992 年以后，期货市场发展较快，全国各地纷纷创办期货交易所。截至 1993 年年底，全国共有期货交易所 50 多家，期货经纪公司 300 多家，期货兼营机构（银行、证券公司、信托公司）2000 多家。全国各地一哄而起开辟期货市场暴露出一系列问题：交易品种严重重复；过度投资现象严重；市场操纵频发；盲目发展境外期货；地下交易盛行；期货经营机构运作不规范；市场监管无序，多头管理政策混乱等。期货市场呈现出"无序发展、无法可依、无人监管"的局面。

（2）治理整顿阶段（1993~2003 年）。

针对期货市场发展乱象，1993 年 11 月，国务院发布《关于坚决制止期货市场盲目发展的通知》，明确提出"规范起步、加强立法"的原则，自此我国期货市场开始进入清理整顿阶段和规范阶段。同年，党的十四届三中全会审议通过了《中共中央关于建立社会主义市场经济体制若干问题的决定》，要求严格规范少数商品期货市场试点。在本次治理整顿中，原有的 50 多家交易所中只有 15 家作为试点被保留下来，并根据要求进行会员制改造。1995 年"3·27 国债事件"以及 1997 年"株冶期货风险事件"促进了政府对期货风险的认识，提高了监管和立法的紧迫性。1997 年政府工作报告明确提出要规范证券期货市场，增强风险意识。

1998 年 8 月，国务院发布《关于进一步整顿和规范期货市场的通知》，开始了第二轮治理整顿。1999 年，我国期货交易所再次精简合并为 3 家，即郑州商品交易所、大连商品交易所和上海期货交易所，期货品种也由 35 个下降至 12 个。1995 年底，330 家期货经纪公司要经过重新审核，通过方可取得期货经纪业务许可证，由此期货代理机构的数量大大减少。1999 年，期货经纪公司的准入门槛提高，最低注册资本金要求不得低于 3000 万元。自 1999 年起，《期货交易管理暂行条例》《期货交易所管理办法》《期货经纪公司管理办法》《期货经纪公司高级管理人员任职资格管理办法》和《期货从业人员资格管理办法》也相继颁布实施，对规范期货市场、期货交易所、期货公司以及期货从业人员等发挥了重要作用。2000 年 12 月，中国期货业协会正式成立，标志着中国期货行业自律组织的诞生。2001 年，中国证监会发布《国有企业境外套期保值业务管理办法》。2003 年，最高人民法院发布《关于审理期货纠纷案件若干问题的规定》，促进了期货市场的进一步规范。至此，期货市场法律法规制度框架基本完成。

（3）稳步推进阶段（2004~2013 年）。

经过清理整顿，我国期货市场逐步开始步入规范发展并稳步推进的阶段。2003 年，党的十六届三中全会明确提出要稳步发展期货市场。2004 年，国务院发布了《关于推进资本市场改革开放和稳定发展的若干意见》，为期货市场的创新发展奠定了政策基础。在此后的 10 年时间里，中国期货市场的风险管理体制、监管体制和法律法规体系不断完善，期货市场的规范化程度逐步提升，新的期货品种陆续推出，期货交易量实现恢复性增长。2006 年 5 月，中国期货保证金监控中心成立（2015 年 4 月更名为中国期货市场监控中心），作为期货保证金的安全存管机构，有效降低了保证金挪用风险，保证了期货交易资金安全，切实维护了期货投资者利益。2006 年 9 月，中国金融期货交易所成立并于 2010 年 4 月正式推出了沪深 300 指数期货。经过 20 多年的探索发展，我国期货市场由无序走向成熟，逐步进入了健康稳定发展、经济功能日益显现的良性轨道，市场交易量迅速增长，交易规模日益扩大。同时，我国期货市场的国际影响力显著增强，逐渐成长为全球最大的商品期货交易市场和第一大农产品期货交易市场，并在螺纹钢、白银、铜、黄金、动力煤、股指期货以及众多农产品等品种上保持较高的国际影响力。

（4）创新发展阶段（2014 年至今）。

2014 年至今，中国期货市场表现出明显的创新发展态势。2014 年 5 月，国务院发布《关于进一步促进资本市场健康发展的若干意见》，明确提出要提高资本市场对外开放程度、壮大专业机构投资者、支持民营资本进入证券期货服务行业、放宽期货公司业务准入等要求。同年 9 月，中国证监会发布《关于进一步推进期货及衍生品行业创新发展的意见》，明确提出要加快推出集合资产管理业务和期货公司代理境内客户参与境外期货交易的试点，支持期货经营机构自主创设场外衍生品合约并鼓励有条件的期货公司开展集团化经营，努力打造一批具有国际竞争力，以风险管理和资产定价为核心业务的衍生品服务集团。同年期货公司获准进入银行间债券市场，允许设立专门从事资产管理业务的子公司。由此，期货公司开始向集团化、规模化、多服务的综合经营商方向迈进。2015 年，中国期货公司融资渠道拓宽，鲁证期货、弘业期货分别在港交所挂牌上市，还有一些期货公司获准在中国香港、美国设立子公司。中国期货公司在业务准入、业务范围、融资渠道、国际化途径等方面得到了全面发展。

与此同时，期货品种不断创新和丰富。2014 年起，期货品种研发和上市速度明显加快，期货品种体系逐渐完善，从此中国期货市场步入创新发展阶段。2014 年以来，新上市的期货、期权品种超过了过去 20 年上市品种的总和。商品期货创新与对外开放明显加速，铁矿石、原油等战略性大宗商品期货相继上市并允许境外投资者参与交易，实现了境外投资者直接参与境内期货市场交易的重大突破。与此同时，金融期货发展步伐也明显加快，股指期货品种体系进一步完善，在沪深 300 指数的基础上，增加了上证 50、中证 500 两个股指期货品种。国债期货也先后推出 5 年期、10 年期和 2 年期期货品种。场内期权交易也实现了突破，2015 年，首个金融期权（上证 50ETF 期权）上市，2017 年豆粕、白糖期货期权先后上市。2018 年全年有 4 个期货新品种上市，3 个期货品种对境外投资者开放；1 个工业品期权正式挂牌。

6.2　中国期货市场发展现状

我国期货市场经过 30 多年的发展，目前已得到国内外投资者和产业界的认可和接受。商品期货市场成交量连续 8 年位居世界第一，而且投资工具逐步丰富和完善。现有期货品种既有商品期货，又有金融期货。商品期货中涉及农产品期货、工业品期货和能源期货。与此同时，我国期货市场的价格发现及风险管理功能正逐步显现。

6.2.1　我国期货市场的成交规模

中国期货业协会统计数据表明：2018 年，全国期货市场成交量为 30.3 亿手，累计成交额为 210.8 万亿元，同比分别下降 1.54% 和增长 12.20%。2019 年 1~6 月，全国期货市场累计成交量为 17.3 亿手，累计成交额为 128.5 万亿元，同比分别增长 23.47% 和 33.79%。

2001~2018 年，随着品种扩容和市场规则的不断完善，期货市场成交量除个别年份出现回落外，其他年份均保持了快速稳定的发展。2018 年成交量较 2010 年上涨了 24.14 倍，年均增长率为 20.89%。其中，2001~2010 年十年间我国期货及期权成交量呈现出持续大幅上升趋势。如图 6-1 所示，2010 年全国期货及期权交易量达到 31.3 亿手，年均增长率达 43.63%。在此期间全球期货和期权交易量年均增长率为 19.81%，表明这十年间我国期货市场发展速度远远高于全球平均水平。在经历 10 年的快速发展后，2011 年首次出现大幅回落，但随后的 5 年间又再次呈现持续稳定增长的趋势。2011 年较上一年成交量大幅下降的主要原因在于：一方面全球经济形势动荡、国内经济转型增速放缓，导致期货市场量价齐跌；另一方面为抑制过度投机，2010 年第四季度国内三大商品交易先后取消手续费优惠制度、限制开仓手数制度、提高保证金比例等措施，对成交规模也有所抑制。自 2011 年以后的 5 年间，我国期货市场成交量持续上升，2016 年市场成交量达 41.4 亿手，较 2011 年增长了 2.93 倍，年均增长率达 31.46%。

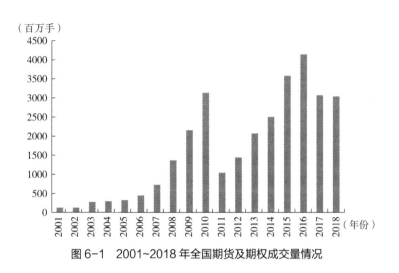

（百万手）

（年份）

图 6-1　2001~2018 年全国期货及期权成交量情况

2017 年，随着我国经济增长更加注重质量提升，供给侧结构性改革继续推进，大宗商品价格呈现较大波动，在金融去杠杆和守住不发生系统性金融风险的金融背景下，期货市场交易监管加强，短期市场过度投机得到抑制，市场交易规模出现了回落。2018 年成交量维持了基本稳定，并在 2019 年上半年逐步表现出回暖趋势。

如图 6-2 所示，从各期货交易所的成交量看：自 2001 年以来，3 家商品期货交易所成交量变化趋势和全国期货市场成交量变化趋势基本一致。中国金融期货交易所成交量在经历了 2011~2015 年快速发展后，因 2015 年股灾导致交易所不得不采取异常严格的限制制度，从而出现了自 2016 年起市场交易规模大幅萎缩的局面。

如图 6-3 所示，2018 年上海期货交易所成交量排名全国第一，占全国市场的 38.81%，同比下降 13.84%；大连商品交易所累计成交 9.82 亿手，占全国市场的 32.42%，同比下降 10.84%；郑州商品交易所成交量为 8.18 亿手，占全国市场的 27%，同比增长 39.55%；中金所成交量为 0.27 亿手，占全国市场的 0.90%，同比增长 10.63%。

2019 年 1~6 月，各交易所成交量同比增长均出现较好态势。上海期货交易所累计成交量为 6.00 亿手，占全国市场的 34.49%，同比增长 12.87%；大连商品交易所累计成交量为 5.59 亿手，占全国市场的 32.24%，同比增长 10.45%；郑州商品交易所累计成交量为 5.25 亿手，占全国市场的 30.26%，同比增长 49.06%。上海国际能源交易中心累计成交量为 0.20 亿手，占全国市场的 1.16%，同比增长 306.90%；中国金融期货交易所累计成交量为 0.32 亿手，占全国市场的 1.85%，同比增长 181.66%。

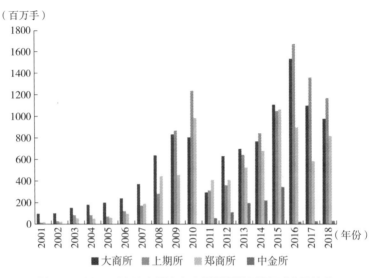

图 6-2　2001~2018 年国内各交易所期货及期权成交量情况

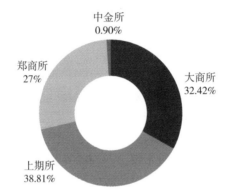

图 6-3　2018 年各交易所期货及期权市场成交量及其在全国市场的占比
资料来源：中国期货业协会。

6.2.2　我国期货市场的主要交易品种

目前，我国一共有 4 家期货交易所，分别是郑州商品交易所、大连商品交易所、上海期货交易所和中国金融期货交易所。截至 2019 年 7 月，我国期货市场交易共有期货及期权品种 64 种，如表 6-1 所示。

表 6-1 我国期货市场交易品种情况

交易所	品种数量	交易品种
大连商品交易所	19	农业品：玉米、玉米淀粉、黄大豆 1 号、黄大豆 2 号、豆粕、豆油、棕榈油、鸡蛋、胶合板、纤维板 工业品：聚乙烯、聚氯乙烯、聚丙烯、焦炭、焦煤、铁矿石、乙二醇 衍生品：豆粕期权、玉米期权
郑州商品交易所	21	农产品：强麦、普麦、棉花、白糖、菜籽油、早籼稻、油菜籽、菜籽粕、粳稻、晚籼稻、棉纱、苹果、红枣 非农产品：PTA、甲醇、玻璃、动力煤、硅铁、锰硅 衍生品：棉花期权、白糖期权
上海期货交易所（含上海国际能源交易中心）	18	金属：铜、铝、锌、铅、镍、锡、黄金、白银、螺纹钢、线材、热轧卷板 能源化工：燃料油、沥青、天然橡胶、纸浆、原油 衍生品：铜期权、天然橡胶期权
中国金融期货交易所	6	沪深 300 股指期货、上证 50 指数期货、中证 500 指数期货 2 年期国债期货、5 年期国债期货、10 年期国债期货

2001 年以来，我国各年上市的期货及期权交易品种累计数量如图 6-4 所示。我国期货及期权交易品种逐年上升，2013 年以来新上市的交易品种数量为 34 种，超过了前面 20 余年交易品种数量的总和。

（百万手）

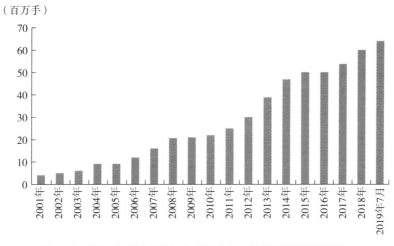

图 6-4　2001 年至 2019 年 7 月国内上市期货及期权品种累计

资料来源：根据公开资料整理而成。

各期货交易所的主要交易品种基本情况如下：

（1）上海期货交易所及其主要交易品种。

1998 年 8 月 1 日，上海期货交易所（以下简称上期所）根据《国务院关于进一步整顿和规范期货市场的通知》原上海金属交易所、上海粮油商品交易所、上海商品交易所合并组建该交易所，1999 年 5 月 4 日正式试营运。现有会员 198 家（其中期货公司会员占近 76%），在全国各地开通远程交易终端 1400 多个。上市品种由 1999 年的 3 个期货品种（铜、铝、天然橡胶）增加至铜、铝、锌、铅、镍、锡、黄金、白银、螺纹钢、线材、热轧卷板、原油、燃料油、石油沥青、天然橡胶、纸浆 16 个期货品种以及铜、天然橡胶 2 个期权合约，覆盖有色金属、黑色金属、贵金属、能源化工、农产品等多个产业。如图 6-5 所示，2018 年上海期货交易所（含上海国际能源交易中心）期货、期权合约总成交量 12.02 亿手，总成交金额为 94.28 万亿元，成交量连续三年在全球商品类期货和期权交易所中排名第一，并在全球场内衍生品交易所中排名第十。

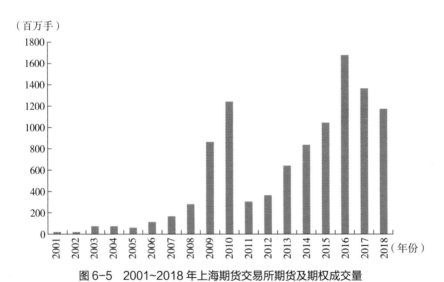

图 6-5　2001~2018 年上海期货交易所期货及期权成交量

资料来源：中国期货业协会。

上海期货交易所上海国际能源交易中心（以下简称能源中心）是经中国证监会批准，由上海期货交易所出资设立的面向全球投资者的国际性交易中心，于 2013 年 11 月 6 日成立，经营范围包括组织安排原油、天然气、石化产品等能源类衍生品上市交易、结算和交割。同时要制定业务管理规则，实施自律管理，发布市场信息，提供技术、场所和设施服务。2018 年 3 月 26 日，原油期货在上海期货交易所上海国际能源交易中心正式挂牌交易。

从交易品种看，上海期货交易所拥有目前全球第一大黑色金属期货市场和第二大有色金属市场。上海期货交易所的主要交易品种成交量如图6-6所示。

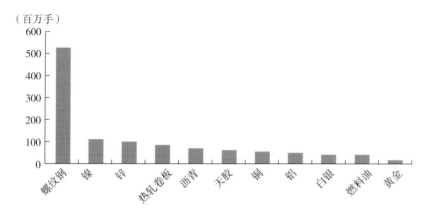

图 6-6　2018 年上海期货交易所部分产品成交量

资料来源：中国期货业协会。

上海期货交易所挂牌交易的产品中，铜期货已成为世界影响力最大的品种之一，其价格与伦敦、纽约期货市场的铜价一同被公认为全球铜交易的三大权威报价，对全球铜市的价格走向有着直接影响。目前，上海期货交易所的铜、铝、锌、铅、镍及锡期货等形成了完备的有色金属品种系列，能较好地满足实体行业需求。

螺纹钢期货发展迅速，自 2009 年 3 月上市以来，套期保值和价格发现功能不断得到体现，目前已成为上海期货交易所成交量占比最大的交易品种。螺纹钢、热轧卷板、线材等金属期货产品的完善，进一步优化了钢材价格形成机制，有利于推动我国钢铁工业健康有序地发展，提高我国钢铁价格的国际影响力。

2018 年以来，上海期货交易所不断丰富期货品种：2018 年 3 月 26 日原油期货上市、2018 年 5 月 28 日上期标准仓单交易平台上线、2018 年 9 月 21 日铜期权挂牌、2018 年 11 月 27 日纸浆期货上市、2019 年 1 月 28 日天然橡胶期权上市。原油期货是我国首个国际化期货品种，以"国际平台、净价交易、保税交割、人民币计价"为创新特点，对加快我国期货市场对外开放、促进我国期货市场国际化发展有着标志性的重要意义。铜期权是我国首个工业品期权，为企业提供了更加精细化的风险管理工具。纸浆期货与保税 380 燃料油的上市，提高了相关产业的价格发现和国际议价能力。此外，天然橡胶期货的权威定价地位逐步巩固；黄金、白银期货，有利于助推贵金属市场体系的健康发展；燃料油、石油沥青期货对提升我国石油类商品的市场影响力有较大作用。

如图6-7所示，2018年上海期货交易所成交金额前五名分别为：螺纹钢期货，占全所成交金额的24.74%；铜期货，所占份额为15.92%；镍期货，所占份额为14.68%；锌期货，所占份额为12.77%；天然橡胶期货，所占份额为9.03%。

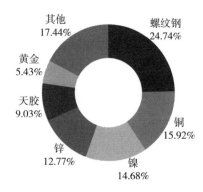

图6-7　2018年上海期货交易主要产品所成交金额占比（不含期权）

资料来源：中国期货业协会。

（2）大连商品交易所及其主要交易品种。

大连商品交易所（以下简称大商所）成立于1993年2月28日，是经国务院批准的4家期货交易所之一，也是中国东北地区唯一一家期货交易所。目前已上市玉米、玉米淀粉、黄大豆1号、黄大豆2号、豆粕、豆油、棕榈油、鸡蛋、纤维板、胶合板、线型低密度聚乙烯、聚氯乙烯、聚丙烯、乙二醇、焦炭、焦煤、铁矿石共计17个期货品种和豆粕、玉米两个期权品种，并推出了棕榈油、豆粕、玉米、焦炭、焦煤和铁矿石等14个期货品种和2个期权品种的夜盘交易。如图6-8所示，2018年大商所期货年成交量9.82亿手，累计成交金额52.20万亿元，日均持仓量588.56万手，分别占全国期货市场的32.67%、25.74%和41.43%；2018年参与大商所交易的客户数为69.78万，其中单位客户1.35万；单位客户成交、持仓占比为27.19%、52.07%，同比分别增长5个百分点和6个百分点。大商所是全球最大的农产品、塑料、煤炭、铁矿石期货市场。根据美国期货业协会（FIA）的统计数据，2018年大商所在全球主要衍生品交易所中列第12位，在全球商品交易所中列第3位。2018年大连商品交易所成交量较2001年增长了9.38倍，年均增长率为14.76%。

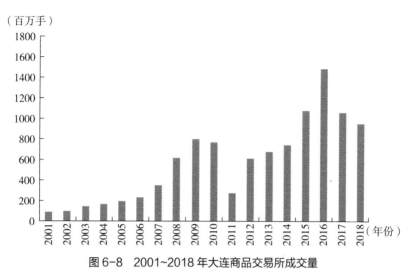

（百万手）

图 6-8　2001~2018 年大连商品交易所成交量

资料来源：根据 Wind 资料整理而成。

目前，大连商品交易所农产品期货的年成交量已经超过美国芝加哥商业交易所集团，成为全球最大的农产品期货市场，同时是全球最大的油脂、塑料、煤炭和铁矿石期货市场。

进一步分析各主要期货成交量及成交金额的市场占比。如图 6-9 所示，从成交金额看 2018 年大连商品交易所成交量前五名分别为焦炭、铁矿石、豆粕、焦煤和豆油，分别占整个大连商品交易所成交量的 28.68%、22.09%、14.08%、6.08% 和 5.94%。

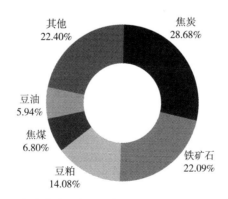

图 6-9　2018 年大连商品交易所主要品种成交金额占比（不含期权）

资料来源：中国期货业协会。

在大商所挂牌交易的品种中，玉米、豆油、豆粕、聚乙烯、聚丙烯、聚氯乙烯、豆粕期权等品种的单位客户持仓占比都在 50% 以上，已接近境外成熟市场水平。棕榈油、聚氯乙烯、聚丙烯、铁矿石等品种期现货价格相关性均超过 0.9，大商所为油脂油料企业、煤焦钢企业、化工企业利用期货市场进行风险管理、保障稳健经营提供了重要的交易场所；其期货价格已成为现货贸易、农产品价格保险开发和指数编制的重要依据。

2018 年 5 月，铁矿石期货引入境外交易者，实现了国内期货市场首个已上市品种的对外开放。截至 2018 年年末，已有 113 家境外客户开户，其中 77 家境外客户参与了交易，境外客户日均成交量 1.43 万手，单日成交量最高接近 6.5 万手。

2018 年 12 月，乙二醇期货成功上市，对满足化工行业风险管理需要，增强我国乙二醇产品国际定价影响力，服务和保障相关产业健康稳定和高质量发展发挥了重要作用。2019 年 1 月，玉米期权顺利挂牌，粳米、干辣椒等新品种研究取得重大进展，进一步拓展了期货期权市场发展空间。与此同时，大商所还不断优化黄大豆 1 号、黄大豆 2 号、玉米、玉米淀粉、鸡蛋、焦煤、胶合板、纤维板等多个已上市品种的合约规则，推进业务模式创新，改善合约流动性，提升市场运行效率。

（3）郑州商品交易所及其主要交易品种。

郑州商品交易所（以下简称郑商所）于 1990 年 10 月 12 日成立，是我国第一家期货交易所，也是中国中西部地区唯一一家期货交易所。郑商所是我国第一个从事以粮油交易为主，逐步开展其他商品期货交易的场所，其前身是中国郑州粮食批发市场。在现货交易成功运行两年以后，于 1993 年 5 月 28 日正式推出期货交易。

截至 2019 年 6 月 30 日，郑商所累计成交量 5.25 亿手，成交金额 19.42 万亿元，日均持仓量 404.97 万手，共有会员 164 家，指定交割仓（厂）库 269 家，指定保证金存管银行 14 家。根据美国期货业协会（FIA）成交量统计，郑商所 2018 年在全球主要衍生品交易所排名第 13 位，在全球商品交易所中排名第 4。

如图 6-10 所示，2018 年郑州商品交易所成交量较 2001 年增长了 54.86 倍，年均增长率为 26.70%。其中，2001~2010 年十年间增长了 66.73 倍，年均增长率达 59.74%；2011~2016 年五年间增长了 1.22 倍，年均增长率为 17.27%。在 2018 年全国成交量低迷的市场背景下依然持续了快速增长。

郑商所上市的期货品种主要为农产品期货以及工业品期货。目前，上市交易的品种包括普通小麦、优质强筋小麦、早籼稻、晚籼稻、粳稻、棉花、棉纱、油菜籽、菜籽油、菜籽粕、白糖、苹果、红枣、动力煤、甲醇、精对苯二

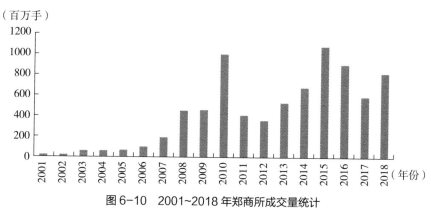

（百万手）

图 6-10　2001~2018 年郑商所成交量统计

资料来源：根据 Wind 资料整理而成。

甲酸（PTA）、玻璃、硅铁和锰硅 19 个期货品种和白糖、棉花 2 个期权，范围覆盖粮、棉、油、糖、果、能源、化工、纺织、冶金和建材等多个国民经济重要领域。其中，棉纱期货、棉花期货、PTA 期货被称为纺织企业避险的"三剑客"，被视为全球纺织品市场的风向标。

2018 年，郑州商品交易所部分品种成交量如图 6-11 所示，前五名分别为PTA、甲醇、菜籽粕、苹果、白糖。

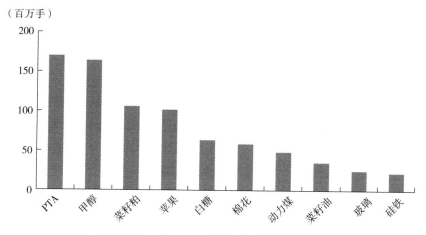

（百万手）

图 6-11　2018 年郑州商品交易所部分品种成交量

资料来源：中国期货业协会。

2018 年，郑州商品交易所品种成交金额前五名如图 6-12 所示，分别为：苹果、PTA、棉花、甲醇、白糖，在交易所成交额中的占比分别为 24.59%、14.62%、12.90%、12.25、8.69%。

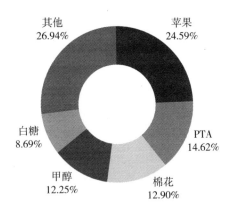

图 6-12　2018 年郑州商品交易所主要品种成交金额占比（不含期权）

资料来源：中国期货业协会。

　　郑商所推出的多个具有中国特色的期货品种，为产业提供发现价格、管理风险的工具。PTA、甲醇、玻璃、硅铁、锰硅、苹果等世界独有期货品种的相继推出，标志着郑商所创新能力不断增强。PTA 期货挂牌，实现了郑商所向综合性期货交易所的转型；甲醇期货的上市，填补了我国危化品期货的空白；苹果期货上市，标志着世界上首个鲜果期货的诞生。以上品种上市以来，市场平稳运行，功能有效发挥，在国际市场上的影响力不断扩大。

　　PTA 是重要的大宗纺织原料，PTA 价格是聚酯产业链的定价中枢。PTA 期货是国内上市的第一个化工类期货品种，也是全球唯一的聚酯产品类期货品种。中国是全球最大的 PTA 生产国，PTA 产能占全球总产能的近 50%。随着 PTA 期货趋向成熟，对上下游产品的价格影响力也逐渐显现。

　　红枣期货的上市，形成连续透明的期货价格，为枣农及红枣厂商提供定价和避险工具，促进红枣产业转型升级，推动我国特色农产品和农副食品产业的健康发展。

　　苹果、玻璃、硅铁、锰硅期货的功能作用也逐步显现。小麦、棉花和动力煤等期货品种，在推动粮食流通体制改革和服务目标价格改革与供给侧结构性改革上发挥了重要作用。

　　目前，郑商所的棉花、PTA、菜粕等品种的持仓结构已接近国际先进市场同类品种水平。棉花、菜油等品种的期货价格已成为政府决策的重要参考；PTA 期货价格成为全球聚酯产业的"风向标"，90% 的 PTA 生产和贸易企业参与期货交易；动力煤、甲醇、菜粕等品种的套保效率在 90% 以上。

　　（4）中国金融期货交易所及其主要交易品种。

　　中国金融期货交易所（简称中金所）是经国务院同意，获中国证监会批准，由上海期货交易所、郑州商品交易所、大连商品交易所、上交所和深交所共同发起设立的交易所，于2006年9月8日在上海成立。中国金融期货交易所是中国内地成立的首家金融衍生品交易所，主要从事金融衍生产品交易。该交易所为股份有限公司，是中国内地首家采用公司制为组织形式的交易所。

如图6-13所示，中国金融期货在经历了2010~2015年的持续快速发展后，2016~2018年处于低位状态。目前中国金融期货交易所上市的品种主要包括股指期货与国债期货。股指期货品种包括沪深300指数、上证50股指、中证500股指期货；国债期货主要包括5年期国债期货、10年期国债期货以及2年期国债期货。各品种上市时间如表6-2所示。

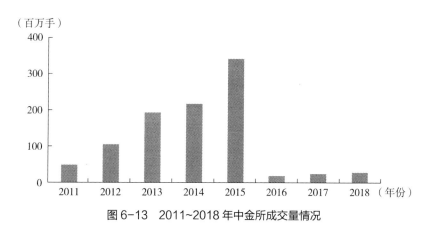

图6-13 2011~2018年中金所成交量情况

资料来源：根据 Wind 资料整理而成。

表6-2 中金所金融期货品种及上市时间

期货品种	上市时间
沪深300指数	2010年4月16日
上证50股指期货	2015年4月16日
中证500股指期货	2015年4月16日
5年期国债期货	2013年9月6日
10年期国债期货	2015年3月20日
2年期国债期货	2018年8月17日

如图6-14所示，从成交量来看，10年期国债期货成交量最大，占比33.03%；其次是沪深300指数期货，占比为27.51%；上证50股指期货占比

为 16.60%；中证 500 股指期货占比 15.95%；5 年期国债期货占比 6.77%；2 年期国债期货因为上市时间短，占比仅为 0.13%。

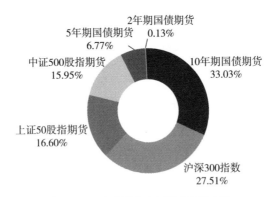

图 6-14　中金所上市品种成交量占比

资料来源：中国期货业协会。

如图 6-15 所示，从成交金额来看，10 年期国债期货成交金额占比 32.61%；其次是沪深 300 指数期货，占比为 29.97%；中证 500 股指期货占比 16.80%；上证 50 股指期货占比为 13.49%；5 年期国债期货占比 6.88%；2 年期国债期货占比为 0.26%。

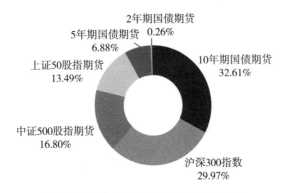

图 6-15　中金所上市品种成交金额占比

资料来源：中国期货业协会。

如图 6-16、图 6-17 所示，股指期货和国债期货两种期货品种发展趋势呈现出明显差异：股指期货经历快速发展后于 2016 年接近萎缩状态，而国债期货整体发展趋势平稳。

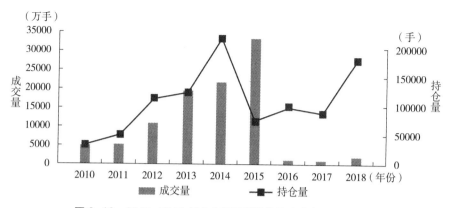

图 6-16　2010~2018 年中金所股指期货品种成交量及持仓量

资料来源:《中金所 2018 年年报》。

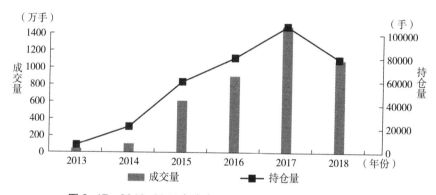

图 6-17　2013~2018 年中金所国债期货品种成交量及持仓量

资料来源:《中金所 2018 年年报》。

自 2010 年沪深 300 指数期货上市以来，股指期货发展迅速，2015 年新上市了上证 50 和中证 500 股指期货，当年股指期货成交量为 3348 万手，成交金额为 4117498 亿元，较 2010 年分别增加了 6.30 倍和 9.02 倍。2015 年 6 月，国内股市巨幅波动，股指期货成为众矢之的，为抑制股市过度投机，中金所对股指期货出台了一系列严格的限制措施，导致股指期货成交量急剧下滑，整个市场几乎处于停滞状态。2016 年沪深 300、上证 50、中证 500 股指期货成交量分别同比下降 98.48%、95.42% 和 84%，成交额同比下降 98.83%、96.59% 和 89.13%。截至 2018 年年末，中金所股指期货成交量为 1634 万手，成交金额为 157404 亿元，较 2010 年股指期货推出首年分别下降 64.37% 和 61.67%。

相比于股指期货，国债期货整体运行则较为平衡。2018 年国债期货成交量为 1086.57 万手, 成交金额为 103819 亿元, 较 2013 年分别增长了 32.05 倍和 32.88 倍, 年均增长率分别为 101.29% 和 102.30%。2018 年末持仓量为 80060 手, 较 2013 年增长了 21.04 倍, 年均增长率为 85.63%。

6.2.3　我国期货市场的国际地位

根据 FIA 对全球衍生品交易所成交量的统计: 2018 年, 全球期货及期权合约成交量为 302.8 亿手, 较 2017 年增长 20.2%。其中期货合约成交量为 171.5 亿手, 同比增长 15.6%; 期权合约成交量为 131.3 亿手, 同比增长 26.8%。2019 年上半年, 全球期货与期权合约成交量总额为 165.5 亿手, 同比增长 11.1%。其中期货合约成交量为 92.9 亿手, 同比增长 9.4%; 期权合约成交量为 13.4%, 同比增长 13.4%。

根据 FIA 对 2019 年上半年全球交易所成交量的排名, 我国上海期货交易所、大连商品交易所、郑州商品交易所成交量分别排在第 10 位、第 11 位和第 12 位; 中国金融期货交易所排名第 28 位。三家商品期货交易所均保持了良好的增长态势, 成交量较上年同期分别增长了 15.58%、10.45% 和 49.05%。

农产品期货及期权合约方面, 据 FIA 数据统计, 2018 年及 2019 年上半年全球农产品期货及期权合约成交量前 20 名中, 我国均有 13 种合约位居其中。如表 6-3 所示, 2018 年大连商品交易所的豆粕、玉米、豆油、棕榈油、黄大豆 2 号、玉米淀粉、黄大豆 1 号期货分列第 1 位、第 5 位、第 10 位、第 11 位、第 18 位、第 19 位、第 20 位; 郑州商品交易所的菜籽粕、苹果、白糖、棉花、菜籽油分列第 2 位、第 3 位、第 6 位、第 9 位、第 14 位; 上海期货交易所的天然橡胶期货居于第 7 位。如表 6-4 所示, 2019 年上半年农产品期货及期权合约成交量排名中, 大连商品交易所的豆粕、玉米、棕榈油、豆油、鸡蛋分列第 1 位、第 4 位、第 5 位、第 9 位、第 20 位。而黄大豆 2、玉米淀粉、黄大豆 1 号成交量虽跌出 20 名, 也紧随其后, 分别位列第 21 位、第 22 位、第 25 位。郑州商品交易所的菜籽粕、白糖、棉花、菜籽油、苹果、红枣分列第 2 位、第 3 位、第 10 位、第 12 位、第 16 位、第 17 位; 上海期货交易所的天然橡胶、纸浆期货分别居于第 8 位、第 15 位。

表 6-3　2018 年中国农产品期货与期权合约成交量的全球排名

交易品种	成交量(亿手)	全球排名	交易所
豆粕期货	2.38	第 1 位	大连商品交易所
菜籽粕期货	1.04	第 2 位	郑州商品交易所

交易品种	成交量（亿手）	全球排名	交易所
苹果期货	1.00	第 3 位	郑州商品交易所
玉米期货	0.67	第 5 位	大连商品交易所
白糖期货	0.64	第 6 位	郑州商品交易所
橡胶期货	0.62	第 7 位	上海期货交易所
棉花期货	0.59	第 9 位	郑州商品交易所
豆油期货	0.54	第 10 位	大连商品交易所
棕榈油期货	0.44	第 11 位	大连商品交易所
菜籽油期货	0.35	第 14 位	郑州商品交易所
黄大豆 2 号期货	0.24	第 18 位	大连商品交易所
玉米淀粉期货	0.23	第 19 位	大连商品交易所
黄大豆 1 号期货	0.22	第 20 位	大连商品交易所

资料来源：根据美国期货业协会 FIA 披露数据整理而来。

表 6-4　2019 年上半年中国农产品期货与期权合约成交量的全球排名

交易品种	成交量（亿手）	全球排名	交易所
豆粕期货	1.28	第 1 位	大连商品交易所
菜籽粕期货	0.77	第 2 位	郑州商品交易所
白糖期货	0.53	第 4 位	郑州商品交易所
玉米期货	0.46	第 5 位	大连商品交易所
棕榈油期货	0.28	第 6 位	大连商品交易所
橡胶期货	0.26	第 8 位	上海期货交易所
豆油期货	0.26	第 9 位	大连商品交易所
棉花期货	0.25	第 10 位	郑州商品交易所
菜籽油期货	0.20	第 12 位	郑州商品交易所
纸浆期货	0.17	第 15 位	上海期货交易所
苹果期货	0.17	第 16 位	郑州商品交易所
红枣期货	0.16	第 17 位	郑州商品交易所
鸡蛋期货	0.10	第 20 位	大连商品交易所

资料来源：根据美国期货业协会 FIA 披露数据整理而来。

能源合约方面，2018 年及 2019 年上半年全球期货与期权合约成交量排名前 20 名中，我国期货合约均有 6 种合约位列其中。如表 6-5 所示，2018 年上海期货交易所的沥青、燃料油及其上海国际能源中心的原油分别位列第 7 位、第 15 位和第 18 位；大连商品交易所的焦炭和焦煤期货分别位列第 8 位和第 12 位；郑州商品交易所的动力煤期货位居第 11 位。如表 6-6 所示，2019 年上半年，上海期货交易所的燃料油期货及上海国际能源中心的原油期货排名增长较大，其余品种成交量排位基本稳定。

表 6-5　2018 年中国能源产品期货与期权合约成交量的全球排名

交易品种	成交量（亿手）	全球排名	交易所
沥青期货	0.70	第 7 位	上海期货交易所
焦炭期货	0.60	第 8 位	大连商品交易所
动力煤期货	0.49	第 11 位	郑州商品交易所
焦煤期货	0.46	第 12 位	大连商品交易所
燃料油期货	0.39	第 15 位	上海期货交易所
原油期货	0.27	第 18 位	上海国际能源中心

资料来源：根据美国期货业协会 FIA 披露数据整理而来。

表 6-6　2019 年上半年中国能源产品期货与期权合约成交量的全球排名

交易品种	成交量（亿手）	全球排名	交易所
燃料油期货	0.63	第 4 位	上海期货交易所
沥青期货	0.53	第 6 位	上海期货交易所
焦炭期货	0.29	第 9 位	大连商品交易所
原油期货	0.20	第 14 位	上海国际能源中心
动力煤期货	0.15	第 16 位	郑州商品交易所
焦煤期货	0.13	第 17 位	大连商品交易所

资料来源：根据美国期货业协会 FIA 披露数据整理而来。

金属合约方面，如表 6-7 和表 6-8 所示，2018 年及 2019 年上半年全球成交量前 20 名排名中，我国分别有 11 种和 9 种期货合约位列其中。其中，2018 年我国金属类期货交易产品包揽了全球同类产品合约成交量的前 5 位，2019 年上半年黄金期货成交量同比增长迅速。

表6-7　2018年中国金属期货与期权合约成交量的全球排名

交易品种	成交量（亿手）	全球排名	交易所
螺纹钢期货	5.31	第1位	上海期货交易所
铁矿石期货	2.36	第2位	大连商品交易所
镍期货	1.15	第3位	上海期货交易所
锌期货	0.92	第4位	上海期货交易所
热轧卷板	0.87	第5位	上海期货交易所
铜期货	0.51	第8位	上海期货交易所
铝期货	0.47	第9位	上海期货交易所
银期货	0.42	第10位	上海期货交易所
硅铁期货	0.22	第17位	郑州商品交易所
锰硅期货	0.19	第19位	郑州商品交易所
黄金期货	0.16	第20位	上海期货交易所

资料来源：根据美国期货业协会FIA披露数据整理而来。

表6-8　2019年上半年中国金属期货与期权合约成交量的全球排名

交易品种	成交量（亿手）	全球排名	交易所
螺纹钢期货	2.23	第1位	上海期货交易所
铁矿石期货	1.41	第2位	大连商品交易所
镍期货	0.51	第4位	上海期货交易所
锌期货	0.43	第5位	上海期货交易所
热轧卷板	0.38	第6位	上海期货交易所
银期货	0.25	第9位	上海期货交易所
铜期货	0.19	第11位	上海期货交易所
铝期货	0.17	第13位	上海期货交易所
黄金期货	0.15	第16位	上海期货交易所

资料来源：根据美国期货业协会FIA披露数据整理而来。

在其他商品期货和期权合约方面，如表6-9和表6-10所示，2018年及2019年上半年我国期货品种包揽了全球同类产品期货和期权合约成交量的前7位。2018年，郑州商品交易所的PTA、甲醇和玻璃期货分别排在第1位、第2位及第6位；大连商品交易所的聚丙烯、线性低密度聚乙烯、聚氯乙烯、乙二醇期货分别在第3位、第4位、第5位及第7位。2019年上半年，乙二醇期货成交量大幅上升，排名升至第 4 位；大连商品交易所的纤维板期货排名也提至第 11 位。

表 6-9　2018 年中国其他商品期货与期权合约成交量的全球排名

交易品种	成交量（亿手）	全球排名	交易所
PTA 期货	1.71	第 1 位	郑州商品交易所
甲醇期货	1.64	第 2 位	郑州商品交易所
聚丙烯期货	0.50	第 3 位	大连商品交易所
线性低密度聚乙烯期货	0.37	第 4 位	大连商品交易所
聚氯乙烯期货	0.36	第 5 位	大连商品交易所
玻璃期货	0.25	第 6 位	郑州商品交易所
乙二醇期货	0.02	第 7 位	大连商品交易所

资料来源：根据美国期货业协会 FIA 披露数据整理而来。

表 6-10　2019 年上半年中国其他商品期货与期权合约成交量的全球排名

交易品种	成交量（亿手）	全球排名	交易所
PTA 期货	1.53	第 1 位	郑州商品交易所
甲醇期货	1.22	第 2 位	郑州商品交易所
聚丙烯期货	0.37	第 3 位	大连商品交易所
乙二醇期货	0.26	第 4 位	大连商品交易所
线性低密度聚乙烯期货	0.23	第 5 位	大连商品交易所
聚氯乙烯期货	0.18	第 6 位	大连商品交易所
玻璃期货	0.10	第 7 位	郑州商品交易所
纤维板期货	0.003	第 11 位	大连商品交易所

资料来源：根据美国期货业协会 FIA 披露数据整理而来。

6.2.4　我国期货市场的主要特色

在我国期货市场发展进程中，既遵循了国际市场的一般性规律，如集中竞价、双向交易、中央对手方集中清算、自律管理、政府监管等，同时也结合国情形成了鲜明的中国特色。与西方期货市场最大的不同点在于：西方期货市场是由现货市场发展到远期批发市场逐渐完善而形成的；而我国的期货市场是在从计划经济体制向市场经济体制转变的过程中，由政府主导并推进发展起来的，因此在制度安排、合约设计、市场监管等方面都具有中国特色，主要体现在以下六个方面。

（1）期货交易所的组织形式不同。

与西方发达国家期货交易所普遍采用营利性、公司制组织结构不同，我国三大商品期货交易所均采用会员制的方式，中金所虽然用股份制方式设立，但其也不是营利性组织。会员制期货交易所的特点是不以营利为目的，所有会员缴纳会费作为运营资金，避免了交易所为股东利益损害其他交易商的利益；但会员制组织结构下，因其收益不能在会员间分配，会员在不分配任何利润的前提下却承担着所有风险，使会员管理交易所的动力不足，交易所的非营利性降低了交易所的管理效率。

（2）我国期货市场不存在信用交易。

我国现阶段的诚信环境、法律制度和期货市场存在一些完善的地方，也曾经出现过客户弃仓跑路的现象。为了让期货市场得以顺利发展，我国采取"先交钱、后交易"的做法，这与西方期货市场普遍采用"先交易、后交钱"的信用交易并不相同。客户在期货保证金账户里的钱一般不允许透支，保证金足够才能下单，成交立即扣款，平仓立即回款。

（3）我国期货交易的风险制度安排更为审慎。

一是保证金水平要求较高，我国期货保证金不是按西方发达国家采用的净头寸收取，而是按毛头寸收取，同时期货交易所规定的保证金比率也相对偏高，这使得我国期货交易的保证金水平远高于西方国家。二是风险准备金储备要求较高，且在风险处置制度安排方面，在极端情况下可采用强制减仓和限制开仓等规定。

（4）独具特色的"穿透式"监管制度。

一方面，设有专门的中国期货市场监控中心，该中心依托数据大集中优势，从实名制开户、保证金安全监控、市场运行监控、期货经营机构监控等多个角度对期货市场实施全方位监测。另一方面，监管机构和交易所可以"穿透"期货公司会员，直接监控投资者账户里的合约头寸和资金，避免违法违规或欺诈现象的出现。西方期货市场多采用综合账户管理模式，交易所只能看见中介机构的账户，只有在客户的头寸达到报告要求时，中介机构才需要向监管部门和交易所报告客户的详细信息。

（5）期货市场品种体系需进一步丰富与完善。

我国期货市场起步较晚，国内期货品种虽不断丰富和完善，但相对于欧美发达国家而言仍然显得不足。党的十八大以来，中国期货市场上市的新品种超过了过去20多年上市品种的总和；商品期货在品种扩容的同时，对外开放力度不断加大，原油、铁矿石相继实现境外投资者可直接参与境内期货市场交易标志着中国期货市场正在走向全球；商品期权实现重大突破；金融期货也获得了较大发展。但是，当前我国正在向经济高质量发展转型，在实体经济对大宗商品存在巨大市场需求的同时，也产生了巨大的风险管理需求。我国期货市场的品种及工具远不能满足这种日益增长的发展需求，目前期货品种仍以商品期货为主，金融期货的品种与工具不多，2016年以来股指期货市场几乎处于冻结状态，外汇期货尚处于一片空白。因此，加快推出各种期货品种及其衍生品工具，丰富现有品种体系，才能提升国际竞争能力，成为全球主要的定价中心。

（6）期货市场投资者以散户为主。

我国期货市场刚起步时，市场流动性的提供者只能来自个人投资者，合约规模也只能将欧美发达国家上市的同类期货品种的合约规模修改后推出，具体可参考表6-11。因此，相对于欧美国家而言，我国期货市场是一个合约小、散户多的市场。

表6-11 国内部分期货品种合约规模对比

品种	中国	国际代表性合约
铜期货	5吨/手	25吨/手
大豆期货	10吨/手	5000蒲式耳/手（约136吨/手）
股指期货	沪深300约90万元/手	10万美元/手；50万美元/手
国债期货	100万元/手	10万美元/手；20万美元/手；100万美元/手

资料来源：姜洋. 中国期货市场发展历史与前瞻，http://www.sohu.com/a/274944216_481741.

投资者结构问题，是中国期货市场能否成为世界大宗商品定价中心所面临的最大挑战。只有投资者结构得到优化，我国期货市场全球定价中心的位置才能真正树立。

2018年年末，我国期货市场约有128.7万投资者开户。从开户数量看，自然人客户占比97%，法人客户仅占3%；从资金量角度看，自然人客户资金占比46%，法人客户资金占比54%。根据肖成（2019）来自CTTC持仓报告的数据，2017年法人客户持仓量占总持仓量的57%，同类美国期货市场法人客户持仓量占比在90%以上。以上数据表明我国期货市场中企业及机构投资者参与的深度和广度都不够充分。

随着国内原油期货的上市以及我国铁矿石、PTA期货允许境外投资者参与，今后将有更多期货品种对境外投资者开放。在本国期货价格与境外价格出现大幅偏差时，境外参与者的套利行为有助于纠正价格偏差，抑制价格异常波动。但如果没有严格的市场监管和公平的市场环境，境外投资者容易利用明显的资金力量和投资经验来操纵市场，加剧市场波动并降低了市场稳定性。因此如何吸引境外投资者更好地参与到我国期货市场中来，既要考虑符合中国的交易制度问题，也需要考虑交易成本、交易效率和市场稳定等问题。

6.3　中国期货市场发展趋势

中国期货市场经历了 30 多年的发展，市场体系和监管制度的日趋完善为期货市场的未来发展奠定了坚实的基础。中国期货市场的发展，必将紧密结合中国经济结构转型的客观背景，在"一带一路"倡议和金融科技创新的驱动下，更好地服务实体经济发展。

6.3.1　交易品种扩容和创新步伐加快

未来期货品种的扩容和期货市场结构的改善将是我国期货市场发展的主要趋势。2018 年国内期货及衍生品市场掀起了品种扩容的热潮，全年有 4 个期货新品种上市，3 个期货品种对境外投资者开放，1 个工业品期权正式挂牌。期货品种方面，3 月 26 日，原油期货上市；8 月 17 日，2 年期国债期货正式在中金所挂牌交易；11 月 27 日，纸浆期货在上海期货交易所顺利挂牌上市；12 月 10 日，乙二醇期货品种在大商所上市交易。期权品种方面，9 月 21 日，铜期权作为国内首个工业品期货期权品种成功上市。

但是，相对于欧美等发达国家，我国期货市场的交易品种还不够丰富且期货市场结构不尽合理，商品期货与金融期货发展不均衡的问题突出。因此，中国期货市场应大力发展商品期货市场，深入建设金融期货市场，不断推出期货新品种，完善和丰富期货及衍生品市场体系。

商品期货及期权方面，未来必将充分挖掘商品期货市场潜力，适时推出符合产业需要的期货及期权品种，扩大期货市场对产业的覆盖面。同时，通过越来越多的商品期货及期权品种的上市，为相关产业提供公开公平合理的市场定价，并为产业客户提供风险管理工具，更好地服务于实体经济。

金融期货方面，金融期货市场建设应该是中国期货市场未来创新的重点领域，应当丰富股权类、股指类、国债类期货品种。伴随着人民币国际化进程和利率市场化趋势应加快研究推出外汇期货、利率期货及其相应的衍生品，尽快完善金融期货品种体系。

总之，未来中国期货市场将会继续加大期货及其衍生品的品种扩容，推动更多新型期货品种的上市，并在现有成熟的商品期货上加快推出期权品种，同时规范发展场外市场，逐步形成覆盖广、多层次的期货和衍生品市场体系，更好地服务于实体经济发展。

6.3.2　期货市场国际化进程不断深入

期货市场本质上是商品、信息、资金高度流动的市场，具有天然的国际化需要，因此建设与中国经济地位相匹配的期货市场，提升全球影响力、国际化是未来中国期货市场发展的必然趋势。2018年，原油期货上市、铁矿石期货和PTA期货引入境外交易者、外商投资期货公司股比上限放宽标志着国内期货市场正在加快对外开放步伐，迎来国际化新格局。

我国期货市场国际化，将有利于建成全球大宗商品定价中心。我国目前是全球第二大经济体和全球最大的大宗商品贸易国，也是全球最大的石油、铁矿石、精炼铜、大豆和铝土矿的进口国。与中国贸易地位不相匹配的是，国际贸易中的价格普遍被动跟踪国外交易所的价格或以国外交易所的价格作为定价基准，中国期货的国际定价能力明显偏弱。另外，我国期货市场发展已落后于实体经济发展的需求，期货市场对外开放滞后，众多企业的避险需求难以满足，与国际期货市场接轨的需求强烈。

"一带一路"倡议使得中国期货市场国际化正面临着重大的历史机遇。"一带一路"相关国家和地区资源丰富、人口众多，是全球最具增长活力和发展潜力的经济板块，在国际大宗商品市场上占有重要的地位。能源方面，"一带一路"相关国家和地区的天然气储量在全球的占比为80%，原油储量占全球比重59%。矿产资源方面，沿线国家铁矿石、铅锌矿等占全球比重20%~40%。我国从沿线国家进口的棕榈油、橡胶和原油占中国进口总量的比例分别达到91%、78%和67%。因此，"一带一路"倡议对中国期货市场的国际化至关重要。

期货市场国际化同时将加快带动人民币国际化进程。以原油期货为代表的期货品种均采用人民币计价和结算，在吸引国际投资者参与的同时，带动了人民币的需求，从而提升了人民币的国际地位，促进人民币国际化战略的顺利实施。

国际化包括"引进来"和"走出去"两个方向。

首先，引进更多的境外投资者。中国期货市场未来将吸引更多境外投资者，完善我国期货市场投资者结构，增强期货市场流动性，提升我国期货市场价格的国际影响力。随着铁矿石期货和 PTA 期货国际化的平稳运行，未来将会有更多的国内期货品种允许境外投资者参与交易，而现有国际化品种的相关规则和实操经验也为后续期货品种国际化提供了有益的参考。与此同时，2018年6月外商投资期货公司的持股比例上限被放宽到51%，三年以后不再设限，这一政策将加大期货市场开放，促进更多境外投资者投资国内期货市场，并带动境外期货人才、技术人才和风险管理经验的引入。尤其是"一带一路"倡议背景下，"设施联通"和"贸易畅通"会促进我国与"一带一路"沿线区域的资源贸易和产能合作，这将扩宽市场贸易规模，增加企业利用期货市场的保值需求，提升当前大宗商品期货的活跃度，并推进符合"一带一路"沿线国家行业特点的新品种合约上市。

其次，"走出去"会成为国内众多期货公司的战略选择。"一带一路"倡议将加速更多内资企业的境外发展力度，激发其风险管理需求，从而促进期货公司境外业务的发展。自2015年以来，证监会加快了对外开放的步伐，期货公司也逐渐在境外设立子公司开展期货业务。目前已有多家期货公司获批开展境外期货业务，除了中国香港以外，在美国、新加坡、伦敦等地也相继出现了中资期货公司境外分公司。随着中国期货市场国际化的不断推进，将会有更多的中资期货公司积极拓展海外市场。中资期货公司"走出去"，一方面在国际期货市场的竞价过程中可充分表达中国的价格信息；另一方面也能综合全球各地大宗商品价格信息，并吸引境外投资者，促进我国期货市场投资者结构的优化。

6.3.3 金融科技将带来期货业务重大变革

金融科技的高速发展态势，为传统金融行业带来了新的发展机遇。以大数据、云计算、人工智能、区块链等为代表的新一轮技术创新正在渗透和改变传统期货业的发展。

欧美交易所已对金融科技在期货市场的应用进行了探索。芝加哥商品交易所在2012年推出 Co-Location 主机托管与数据中心服务，投资者可将自己的交易主机置于 CME Globex 电子中央撮合引擎所在的数据中心，在物理距离上缩短与中央撮合引擎的距离，从而降低交易延时的程度，提高交易速度。德国交易所专门成立了风险科技投资部，对影响交易所未来发展的金融科技公司进行投资。纳斯达克交易所、美国证券存托与清算公司、多伦多交易所、澳大利亚证券交易所和韩国证券交易所等境外机构先后启动基于区块链技术的证券市场基础设施研究项目。美国、日本的一些交易所已尝试利用人工智能对市场进行监控。

金融科技在中国证券期货市场的应用可以追溯到 1990 年,从最初的金融科技 1.0 时代演进到当前的金融科技 3.0 时代。金融科技 1.0 时代的主要特征是金融交易电子化,即证券期货行业主要利用计算机、电话通信、卫星通信等技术在证券登记、交易、结算等业务方面替代人工,实现了交易结算等关键业务的电子化和自动化。金融科技 2.0 时代始于 2000 年,以互联网及移动互联服务为核心,为投资者提供线上服务、简化业务流程并改善客户体验。金融科技 3.0 始于 2017 年,主要表现在大数据、云计算、人工智能、区块链等新兴技术在证券期货业中的应用,以实现金融活动的智能化、便捷性和低成本。当前,证券期货业也正积极创造条件,推动现代科技在期货金融服务、渠道、产品、投资、信用、风控、合规等领域的全面应用,促进实体经济高质量发展。

2017 年,中国人民银行发布了《中国金融业信息技术“十三五”发展规划》,明确提出“十三五”期间金融信息基础设施达到国际领先水平、信息技术持续驱动金融创新等发展目标。国务院也在当年发布了《新一代人工智能发展规划》,明确提出建设目标:建立金融大数据系统,提升金融多媒体数据处理与理解能力;创新智能金融产品和服务,发展金融新业态;鼓励金融行业应用智能客服、智能监控等技术和装备;建立金融风险智能预警与防控系统。证监会已对金融科技 3.0 进行了整体布局和具体实践,部分证券期货经营机构也已启动了金融科技的研究和应用工作。

金融科技将在如下三个方面助推中国期货业的发展:一是行业机构将在信息统计、数据分析、信息服务等工作上,引入大数据和人工智能技术,逐步改进和优化现有业务模式。二是云计算技术的应用将得到扩大。证券期货经营机构可通过建设云设施,提升 IT 设施的使用效率并降低成本。交易所等市场核心机构可为行业经营机构建设行业云,提供信息技术测试服务、行情服务等。三是利用区块链技术实时结算的特点贯通不同交易所之间的流动性,构建跨市场的“联盟链”,在交易时段实现多个交易所实时结算,并将结算信息反馈给各个交易所,大幅降低业务过程中机构间的协作成本、风险监控成本和事后审查成本。

但是,金融科技在为期货市场带来新机遇的同时,也可能导致金融风险的聚集,如果处置不当,很容易形成系统风险。因此,期货业在大力发展金融科技助推业务创新时,也需要做好相应的风险防范。

6.4　中国期货市场监管制度

6.4.1　我国期货市场监管体系演进历程

我国期货市场的监管制度并不是和市场同步建立的，而是在实践中通过解决不断暴露的市场问题，学习借鉴美国等国家的经验，从无到有，从无序到有序逐步发展起来的。其演进过程大致可以分为以下四个阶段：

（1）初创发展阶段（1988~1993 年）。

从 1990 年郑州粮食交易市场成立至 1993 年年底，我国期货市场既缺乏相关法律法规，也没有专门的监管机构统一管理。1992 年之前，期货市场由商业部管理。1992 年之后，各地方政府和主管部门纷纷建立期货市场，期货市场处于主办的地方政府或者当地主管部门的管理之下。除了地方政府和当地主管部门，期货市场还要受国家计委、国家工商局、中国人民银行和国家体改委的管理。这一时期，我国期货市场极度混乱，产生了交易所设立过多、期货品种重复设计和设计不合理、非法交易盛行、市场操纵、投资者欺诈等一系列问题，严重扰乱了市场经济秩序。

（2）治理整顿阶段（1993~1998 年）。

针对我国期货市场当时的状况和出现的问题，国务院于 1993 年 11 月 4 日下达了《国务院关于坚决制止期货市场盲目发展的通知》。该通知的颁布标志着我国政府依靠行政手段和紧急通知方式来监管期货市场阶段的开始。通知中指出"期货试点工作中，必须坚持'规范起步，加强立法，一切经过试验和严格控制'的原则，加强宏观管理，实行统一指导和监管，不得各行其是"。该通知对期货市场监管权进行了统一划分，"国务院决定，对期货市场试点工作的指导、规划和协调、监督工作由国务院证券委员会（以下简称证券委）负责，具体工作由中国证监会（以下简称证监会）执行。各有关部门要在证券委的统一指导下，与证监会密切配合，共同做好期货市场试点工作。未经证券委批准，不得设立期货交易所（中心）"。

（3）初步立法阶段（1998~2006 年）。

自 1998 年下半年开始，我国期货市场法律建设开始从宏观调控为主转向微观法律制度建设，并建立了统一的期货市场监管体系。1999 年 6 月 2 日，国务院颁布了《期货交易管理暂行条例》，并于 1999 年 9 月 1 日正式执行，这是我国第一部全国范围内管理期货市场的法规。与《期货交易管理暂行条例》相配套的四个管理办法：《期货交易所管理办法》《期货经纪公司管理办法》《期货经纪公司高级管理人员任职资格管理办法》和《期货业从业人员管理办法》也于 1999 年 9 月 1 日同时实施。《期货交易管理暂行条例》和四个办法，标志着我国期货市场的法制建设和监管体系建设进入了一个新的发展阶段。同时，2003 年 7 月 1 日中国期货业协会发布《期货从业人员执业行为准则》，这是国内期货业第一部行业性的从业人员行为规范，是我国期货业协会对期货从业人员进行纪律处分的依据。

（4）立法完善阶段（2007 年至今）。

随着期货市场的不断发展壮大，我国期货市场监管进入立法完善阶段。2007 年《期货交易管理条例》的颁布实施，与之配套的《期货交易所管理办法》《期货公司管理办法》《期货公司董事、监事和高级管理人员任职资格管理办法》《期货从业人员管理办法》《期货投资者保障基金管理办法》《期货公司首席风险官管理办法》等一系列部门规章与规范性文件相继出台，构成了期货市场法规体系的基本框架。

根据我国期货市场的发展现状，国务院于 2012 年、2013 年、2016 年、2017 年对《期货交易管理条例》进行了 4 次修订，现执行的《期货交易管理条例》是 2017 年 3 月 1 日颁布实施的修订版。在此期间，证监会、期货交易所、中国期货业协会相继出台了相关的规范性文件。至此，我国期货市场形成了以行政监管为主和自律监管为辅的监管体系。其中，行政监管以《期货交易管理条例》为核心，以证监会部门规章和规范性文件为主体；自律监管以期货交易所、行业协会发布期货市场自律准则为依据。

6.4.2　我国期货市场现行监管体系

经过不断的实践完善，我国期货市场法律法规体系日益健全。目前，我国期货市场监管体系是以国务院颁布的《期货交易管理条例》（2017 年修订）为核心，以证监会部门规章和规范性文件为主体，以期货交易所、中国期货市场监控中心及中国期货业协会制定的自律管理规则为补充构成的监管制度体系，形成了中国证监会、地方证监局、期货交易所、中国期货市场监控中心和中国期货业协会"五位一体"的期货监管协调工作机制。此外，为进一步提升期货市场相关法律适用的准确性，减少法律纠纷，优化期货市场法制环境，司法机关制定并发布了关于审理期货纠纷案件的专项司法解释。

（1）我国期货市场监管的法规体系。

目前我国期货市场的主要监管法规可以概括为"一个条例、十一个办法"。"一个条例"是《期货交易管理条例》；"十一个办法"包括《期货投资者保障基金管理办法》《期货交易所管理办法》《期货公司监督管理办法》《期货公司董事、监事和高级管理人员任职资格管理办法》《期货从业人员管理办法》《期货公司金融期货结算业务试行办法》《期货公司风险监督指标管理办法》《证券公司为期货公司提供中间介绍业务试行办法》《证券期货投资者适当性管理办法》《期货公司期货投资咨询业务试行办法》《证券期货经营机构私募资产管理业务管理办法》。另外，还有一些期货交易所和中国期货业协会制定的自律监管规则，包括4个期货交易所制定的《交易规则及实施细则》，中国期货业协会制定的《中国期货业协会会员管理办法》和《期货从业人员执业行业准则》。

《期货交易管理条例》是目前我国期货市场监管所依据的最全面的、最高层次的法规，分别在期货交易所、期货公司、期货业协会、期货交易基本规则、监督管理、法律责任等方面作了基本规定。根据《期货交易管理条例》第四十六条规定，证监会对期货市场实行集中统一的监督管理，其主要职责包括：制定有关期货市场监督管理的规章、规则，并依法行使审批权；对品种的上市、交易、结算、交割等期货交易及其相关活动进行监督管理；对期货交易所、期货公司及其他期货经营机构、非期货公司结算会员、期货保证金安全存管监控机构、期货保证金存管银行、交割仓库等市场相关参与者的期货业务活动，进行监督管理；制定期货从业人员的资格标准和管理办法，并监督实施；监督检查期货交易的信息公开情况；对期货业协会的活动进行指导和监督；对违反期货市场监督管理法律、行政法规的行为进行查处；开展与期货市场监督管理有关的国际交流、合作活动等。为适应新时期期货市场的发展，该条例对符合规定条件的境外机构放开特定品种的期货交易，为适应推出国债期货交易的需要，允许期货交易所非期货公司结算会员的商业银行参与国债期货交易，并且进一步明确期货交易所作为中央对手方为期货交易提供集中履约担保的职责等。

"十一个办法"中，《期货交易所管理办法》对期货交易所的设立、组织形式、会员管理、基本业务规则、监督管理、法律责任等方面做了规定，从而明确了期货交易所的职责，维护了期货市场秩序，促进了我国期货市场积极稳妥发展。《期货公司监督管理办法》对期货公司的行政许可、公司治理、经纪业务规则、客户资产保护、监管措施以及法律责任等做了规定，以加强客户合法权益的保护、加强期货公司风险控制为主线，推动期货公司在规范发展的基础上做优做强。《期货公司风险监管指标管理办法》对风险监管指标的计算，不同公司的指标标准、编制和披露、监管措施等做了规定，是对期货公司资本充足的监管，确保其具有抵御风险的能力。《期货公司董事、监事和高级管理人员任职资格管理办法》则对期货公司董事、监事和高级管理人员的任职资格条件、任职资格的申请与核准、行为规则、监督管理以及法律责任等做了规定。其他管理办法则主要针对期货从业人员行为，期货业务行为、投资者保障基金、投资者适当性管理等方面进行规则制定。

（2）我国期货市场监管的组织体系。

在组织架构上，目前我国期货市场监管形成了中国证监会、地方证监局、期货交易所、中国期货市场监控中心和中国期货业协会"五位一体"的期货监管协调工作机制。中国证监会负责监管协调机制来统一领导、统筹协调和监督检查，中国证监会及各地证监局对期货公司及其分支机构进行监督管理，期货交易所、中国期货业协会依照有关法律、行政法规和本机构章程及规则对期货公司实行自律管理，中国期货市场监控中心对客户的保证金实施监控。

1）中国证监会及地方证监局。作为中国证监会职能部门之一的期货监管部是中国期货市场的最高对口管理机构，目前的期货监管部由交易所监管处、期货经纪公司监管处、境外期货监管处和办公室等四个职能处室构成，分别重点监管期货交易所、期货经纪公司和境外期货交易各环节等，对相应环节的风险实行直接或者间接控制。此外，中国证监会在各省市的派出机构也承担了辖区内相应的监管职能。期货监管部的主要职责包括：拟订监管期货市场的规则、实施细则；依法审核期货交易所、期货结算机构的设立，并审核其章程和业务规则；审核上市期货、期权产品及合约规则；监管市场相关参与者的交易、结算、交割等业务活动；监管期货市场的交易行为；负责商品及金融场外衍生品市场的规则定制；负责期货市场功能发挥评估及对外开放等工作；牵头负责期货市场出现重大问题及风险处置的相关工作等。

具体来说，中国证监会对期货市场的监管主要从5个维度进行：一是对上市期货、期权产品进行审批监管。二是对期货交易所的监管。根据法规，证监会必须要求期货交易所建立健全各项规章制度，加强对交易活动的风险控制和对会员的监督管理。三是对期货结算机构的监管。证监会根据法规和规章对期货结算机构进行审慎性和合规性监管，定期或不定期进行督促检查。四是对期货经营机构的监管。我国证监会通过实施"一户一码"和实名制开户，建立了以期货保证金安全存管监控制度、净资本监管制度为基础的"穿透式"监管。五是对期货交易行为的监管，其监管的重点是交易者的违法违规行为，如内幕交易、市场操纵等。

2）期货交易所。期货交易所作为服务机构，自身并不作为期货交易的直接参与者，它主要是为市场各类参与主体提供期货交易、结算等相关的各项服务，以保证期货合约的有效履行。根据《期货交易管理条例》第十一条规定，期货交易所应当按照国家有关规定建立、健全下列风险管理制度，包括：保证金制度；当日无负债结算制度；涨跌停板制度；持仓限额和大户持仓报告制度；风险准备金制度等。实行会员分级结算制度的期货交易所，还应当建立、健全结算担保金制度。同时，期货交易所被授予一定的市场监管权利，对期货市场的交易行情实行监管，并承担自律管理职责。《期货交易所管理办法》（2017年修订）规定，期货交易所除了履行《期货交易管理条例》规定的职责外，还应当履行下列职责：制定并实施期货交易所的交易规则及其实施细则；发布市场信息；监管会员及其客户、指定交割仓库、期货保证金存管银行及期货市场其他参与者的期货业务；查处违规行为。

3）中国期货市场监控中心。2006年5月，经国务院同意，证监会成立了中国期货市场监控中心（原中国期货保证金监控中心，于2015年4月正式更名）。中国期货市场监控中心依托数据大集中优势，从实名制开户、保证金监控、市场监控及期货经营机构监控等多个角度，对期货市场实施全方位监测，从而形成了从投资者进入到退出期货市场全过程的监管服务、市场服务和投资者保护体系，成为独具中国特色的集期货及衍生品市场监测监控、基础运营、投资者保护、市场及指数分析研究等于一体的金融监管服务平台。

期货市场监控中心的基本职能是及时发现及报告期货保证金被挪用的风险情况，配合期货监管部门处置保证金风险事件，包括负责期货市场统一开户，期货保证金安全监控，为期货投资者提供交易结算信息查询，期货市场运行监测监控，期货中介机构运行监测监控，代管期货投资者保障基金，期货及衍生品市场和产业经济分析研究，商品及其他指数的编制、发布，为监管机构和期货交易所等提供信息服务，期货市场投资者调查，协助期货公司处置风险等。表6-12列出了历年期货市场监控中心职能的演变情况。

表6-12 中国期货市场监控中心职能演变情况

年份	中国期货市场监控中心职能演变情况
2006	中国期货保证金监控中心成立（2015年4月更名为"中国期货市场监控中心"，简称"监控中心"），上线期货保证金监控系统，专职监控期货市场的资金安全
2007	监控中心受中国证监会、财政部指定，代管期货投资者保障基金，负责基金的筹集、管理和使用
2008	中国证监会授权监控中心对期货市场运行及风险情况进行监测分析，建设"期货市场运行监测监控系统"

年份	中国期货市场监控中心职能演变情况
2009	中国证监会授权监控中心建立期货市场统一开户系统，当年 11 月，期货市场统一开户系统全面建成
2015	期货市场"互联网开户云平台"上线运行。监控中心通过统一开户发放唯一客户编码并核查开户实名情况和适当性。当年 8 月，中国证监会决定进一步充实监控中心职能，授权监控中心承担期货经营机构运行监测、数据统计及研究分析等职能
2017	探索实施对实控账户和资管产品进行"穿透式"监管，明确实际控制关系账户的统一报备管理，严防利用资管产品账户规避限仓行为
2018	为进一步增强服务实体经济能力，提高我国期货及衍生品市场科技监管水平和监管信息化水平，在证监会党委的统一领导下，2018 年监控中心完成了场外衍生品交易报告库的建设

资料来源：《中国金融发展报告 2019》。

4）中国期货业协会。中国期货业协会于 2000 年成立，为我国期货市场的行业自律组织，其服务宗旨为：在国家对期货业实行集中统一监督管理的前提下，进行期货业自律管理；发挥政府与期货业间的桥梁和纽带作用，为会员服务，维护会员的合法权益；坚持期货市场的公开、公平、公正原则，维护期货业的正当竞争秩序，保护投资者的合法权益，推动期货市场的规范发展。同时，中国期货业协会负责期货从业人员的资格认定、管理及撤销工作，监督、检查会员和期货从业人员的执业行为等。近年来中国期货业协会充分发挥"自律、服务、传导"职能，在推动期货及衍生品行业创新发展，提升服务实体经济能力方面起到了积极作用。

6.4.3 我国期货市场监管制度特色

（1）保证金安全存管监控制度。

一直以来，"挪用客户保证金"是我国期货市场发展过程中的一大顽疾。为彻底解决这一问题，2006 年，证监会报经国务院同意后，于该年 5 月成立中国期货市场监控中心，专门来监控客户保证金风险。根据《期货交易管理条例》第五十二条规定，期货市场监控中心依照有关规定对保证金安全实施监控，进行每日稽核，发现问题应当立即报告证监会。证监会应当根据不同情况，依照本条例有关规定及时处理。通过汇集期货交易所、期货公司、存管银行三方的数据，中国期货市场监控中心将每日数据进行核对，从而保证了客户的保证金在期货公司账户的安全，实现了我国期货市场的"电子眼"功能。

　　以中国期货保证金监控中心为基础，实行期货公司、期货交易所、存管银行三方数据核对为核心的保证金安全存管监控制度是我国期货市场监管制度的一项重大创新。该制度是在总结我国期货市场经验教训的基础上建立的，从制度上杜绝了期货公司挪用客户保证金资金的现象，具有鲜明的中国特色，在全球范围具有独创性，得到了国际评估组织和国际期货监管机构的高度评价。多年来，期货保证金监控中心在防范市场风险、保护投资者权益、服务监管等方面做出重要贡献，为维护我国期货市场平稳健康发展发挥了重大作用。

　　（2）"穿透式"监管制度。

　　所谓"穿透式"监管，是指由专门的期货市场监控中心负责实控账户报备的集中管理，并建立信息共享机制，对期货市场实施全流程监管。具体来说，就是期货公司需要在客户交易终端登陆时采集所需信息，终端自动将数据加密后报送至期货市场监控中心，并由监控中心解密共享给期货交易所，用于对客户交易行为的监控。相关的制度安排包括开户实名制和"一户一码"制度。

　　开户实名制是指，《期货市场客户开户管理规定》规定，期货公司客户必须以真实身份开户；期货公司应当对客户进行实名制审核，为客户申请交易编码；期货监控中心还要将客户的身份信息同有关主管部门进行核对，确保开户者身份信息的真实性。

　　"一户一码"制度是指，《期货交易管理条例》规定，期货公司必须为每一个客户单独开立专门账户、设置交易编码，不得"混码交易"。《期货市场客户开户管理规定》要求期货公司为客户开立账户、申请各期货交易所交易编码，必须统一通过期货市场监控中心办理。期货市场监控中心应当为每一个客户设立统一开户编码，并建立统一开户编码与客户在各期货交易所交易编码的对应关系。

　　通过实名制的账户和"一户一码"的交易编码，监管部门和交易所可以观察和追踪投资者在期货市场上的所有数据和交易活动，从而形成强大的监测监控网络，可以及时发现期货交易中的异常交易和违规交易线索。因此"穿透式"监管是威慑期货市场异常交易行为、保护投资者利益的有力工具。

　　（3）"三板强减"制度。

　　期货市场是一个天然的国际市场，在"一价定律"的作用下，国际市场上的任何风吹草动，都会直接传递到国内市场。由于我国国情所定的假期与外界不一致，在我国期货市场停市交易期间，外围市场行情的剧烈波动，往往导致我国恢复开市第一个交易日出现极端行情。为了避免极端行情造成的期货公司大面积穿仓所引发的系统性风险，中国证监会督促各家期货交易所实施"三板强减"制度。国内4家交易所的"三板强减"制度基本相同，以大连商品交易所为例，其《风险控制管理办法》规定，若某品种连续三个交易日出现同方向涨跌停板单边无连续报价的情况，则在第三个交易日收市后，交易所进行强制减仓：将当日以涨跌停板价申报的未成交平仓报单，以当日涨跌停板价与该合约净持仓盈利客户（或非期货公司会员）按持仓比例自动撮合成交。

"三板强减"本质上是一项风险管理制度，其主要目的是化解期货价格连续同方向涨跌给投资者、期货公司、交易所及相关机构带来的风险，其意义相当于期货市场的强制止损，强制受损方在三板价位上出局，以避免带来更大的损失和由此引发的系统性风险。十几年来，对"三板强减"制度虽争议不断，但这一制度对中国期货市场的平稳、快速、健康发展的确发挥了积极作用。在2008年全球金融危机期间，我国期货市场大面积连续跌停，该措施有效地维护了我国期货市场的稳定。同时，防范了市场上投机力量利用"三板强减"制度来操作市场牟利的行为发生。上海期货交易所在2002年率先规定了"三板强减"和市场化的"扩大停板"制度配合应用，从而独创了符合中国国情的防范市场出现系统性风险的市场监控制度，实践也证明这种独特的市场监控制度特别适合我国目前由于较多的"长假休市"可能会带来的市场风险，从而保护了广大投资者利益，并保证了市场的稳定。随着我国期货市场的发展，各交易所逐渐对"三板强减"规则进行修正，如大连商品交易所于2018年11月23日了发布关于修改风险管理办法相关规则的通知。通知中指出，将统一各期货品种强制减仓管理模式，当出现连续三个同方向涨跌停板单边无连续报价情况下，交易所对黄大豆1号等8个品种不再是"逢三必减"，而是与焦炭等品种保持一致，根据市场情况来决定采取的处置措施，强制减仓仅作为备选措施之一。"三板强减"措施将与其他风险管理措施一样，只是交易所化解风险的措施之一，而非必须采取的措施。

6.4.4　我国期货市场监管制度的完善

（1）我国期货市场监管制度存在的问题。

我国期货市场监管制度虽然在实践过程中得以不断完善，但仍存在以下三个突出问题：

第一，法律法规不完善。目前我国尚未出台期货基本法，期货市场监管依据的主要法规——《期货交易管理条例》现属于行政法规，层级较低，基础法律关系不明确。另外，其他法律如《证券法》《公司法》等部分条款对期货市场和期货公司的约束力不足，主体法的缺失也容易造成空白监管和多头监管。

第二，监管权力高度集中、自律机构权力不足。由中国证监会、中国期货业协会和各期货交易所构成的一元三级管理体系，更偏重于以政府为主导的行政监管，监管权力高度集中于中国证监会，期货业协会和期货交易所所实施的自律管理只起到辅助政府监管的作用，日常监管职责如合规检查、财务监管等，完全由中国证监会及其派出机构来进行。在处罚机制上，《期货交易管理条例》中仅规定了期货业协会的纪律处分权，并没有规定期货业协会对会员的罚款以及其他处罚权。缺乏处罚权力的保障，期货业协会的其他权力也难以有效实施。

第三，注重对期货公司的监管，对市场行为监管不足。目前我国期货市场监管体制偏重于对期货公司的监管，大部分的部门法规都是针对期货公司，而对市场行为如市场交易滥用、价格操纵等的监管力度不足。对市场行为的监管不足会导致一些违法违规行为无孔不入，甚至有期货公司直接参与或者间接助长违法违规行为，加大了期货市场的风险。

（2）我国期货市场监管制度的完善。

经过多年的发展完善，目前我国期货市场监管制度在法规体系、行政体系、市场功能参与者等多方面都逐渐成熟。针对目前监管中存在的问题，未来期货市场监管应围绕以下四点进行完善和修正。

第一，应提高我国期货市场的立法层次，健全法律法规。目前我国期货市场监管的法规体系已逐渐完善，而这一系列法律文件需要一个更为确定的行业大法统一整合。我国现有的《期货交易管理条例》及相关司法解释几经修改完善，为期货立法奠定了良好的基础。应尽快出台《期货法》，为期货市场及相关衍生品的发展提供高效力层级的法律保障，推动我国期货市场健康发展，更好实现为实体经济服务的现实功能。

第二，应增强自律组织的权力。行政监管部门应逐渐放权至自律组织，从现阶段的中国证监会按照自身的意愿将部分权力授予期货业协会、期货交易所采取的自律方式，逐步过渡到由立法机构将中国期货协会、期货交易所监管市场的某些自律职能以法律条文形式固定下来的法定自律方式。自律组织应将自律监管的职能排在首位，其次是服务，因此无论期货业协会还是期货交易所，都有必要加大对自律规则执行情况的检查力度，增强自律监管的针对性，使制定的自律规则发挥切实的效力。

第三，应加强对交易行为的监控。应真正落实"穿透式"监管，利用我国期货市场数据大集中优势，对期货市场的交易行为实施全方位监测，及时防范个体性风险、系统性风险。一方面要加强对异常情况的监控。异常情况监控是对操作行为进行重点的监管，风险的识别和确定也需要依赖异常情况的监控。因此，交易所应明确市场异常交易行为的认定标准并加强监管，同时建立以大量的期货、现货历史数据为基础的风险评级体系。利用期货合约的每日交易情况，包括价格变动、成交与持仓状况以及交易者行为等情况，来评估潜在的市场问题并及时采取有效的手段解决。另一方面要加强对程序化交易的监控。程序化交易虽然在正常情况下可以增加市场流动性，但是在股市异常波动期间，一些具有程序化交易特征的账户会频繁报、撤单，少数账户委托撤单比甚至超过 80%，这样会助长投机交易，干扰正常价格信号，影响市场稳定。

第四，期货市场监管应当关注金融科技的发展。目前在金融科技的推动下，一些互联网公司大力拓展金融业务，向金融市场全面渗透。可以预料，在金融科技大发展的背景下，互联网企业涉及期货及衍生品业务首先会在场外市场开始。然而互联网企业在日常运营中受到的行政监管不多，而且我国场外衍生品目前的监管并不完善。另外，国外交易所已推出比特币期货（2018 年 2 月芝加哥期权交易所推出比特币期货），比特币期货对当前的金融监管尤其是期货和衍生品市场监管产生了很大挑战。因此，未来，我国期货市场监管应当关注当今全球科技发展变化趋势，对一些涉及期货及衍生品的科技金融机构和产品要尽早布局，一方面要利用先进的大数据技术对市场实行全方位的监控，另一方面要充分预见科技金融对期货及衍生品的影响。

参考文献

REFERENCES

［1］上证券交易研究中心：《中国公司治理报告（2005）：民营上市公司治理》，复旦大学出版社 2005 年版，第 19-20 页。

［2］许年行、吴世农：《我国上市公司股权分置改革中的锚定效应研究》，《经济研究》2007 年第 1 期，第 114-125 页。

［3］贾明、张喆、万迪昉：《股改方案、代理成本与大股东解禁股出售》，《管理世界》2009 年第 9 期，第 148-165 页。

［4］吴晓求：《中国创业板市场：现状与未来》，《财贸经济》2011 年第 4 期，第 5-14 页。

［5］吴晓求：《中国资本市场未来 10 年发展的战略目标与政策重心》，《中国人民大学学报》2012 年第 2 期，第 32-40 页。

［6］王伟：《对我国多层次资本市场监管体系建设的思考》，《财会研究》2008 年第 7 期，第 62-74 页。

［7］杨勇平：《我国资本市场的监管体系和阶段性特征》，《西南金融》2009 年第 7 期，第 4-6 页。

［8］鲁敏：《我国资本市场监管制度研究》，《改革与战略》2017 年第 3 期，第 53-55 页。

［9］张军、龙少波：《中国资本市场监管制度演变与展望》，《经济研究参考》2014 年第 41 期，第 80-84 页。

［10］张筱：《资本市场审计监管的制度变迁》，《中国内部审计》2015 年第 12 期，第 94-97 页。

［11］秦洁：《中国资本市场监管制度研究》，河南大学硕士学位论文，2010 年。

［12］郝旭光：《中国资本市场监管有效性研究》，对外经济贸易大学出版社 2015 年版。

［13］李哲：《中国资本市场"对称性"监管体系创新研究》，《学术研究》2012年第11期，第91-95页。

［14］张富田：《资本市场监管体制解析及其效率提升》，《重庆社会科学》2012年第1期，第91-95页。

［15］陈范红：《论资本市场监管与自主创新》，《当代经济》2008年第11期，第86-88页。

［16］徐忠：《中国债券市场发展中热点问题及其认识》，《金融研究》2015年第2期，第29-35页。

［17］沈钰楪、杨健健：《交易后体系如何为跨境债券交易"修路搭桥"》，《清华金融评论》2019年第5期，第85-88页。

［18］唐凌云：《新形势下中国债券市场的机遇与挑战》，《债券》2019年第2期，第36-39页。

［19］刘鹏：《债券市场开放再迈重大一步》，《中国金融》2019年第8期，第79-80页。

［20］田仁德、朱佳：《银行间债券市场利益输送问题研究：兼论我国金融监管体制改革》，《浙江金融》2019年第5期，第6-14页。

［21］宋敏、甘煦、林晚发：《债券信用评级膨胀：原因、影响及对策》，《经济学动态》2019年第3期，第134-137页。

［22］阎维博：《债券交叉违约条款：溯源、演化及保护功能优化》，《南方金融》2019年第4期，第11-19页。

［23］李超、程强：《我国地方政府债券发行的新特征及发展建议》，《债券》2019年第6期，第22-24页。

［24］吴晓求、陶晓红、张焞：《发展中国债券市场需要重点思考的几个问题》，《财贸经济》2018年第3期，第5-16页。

［25］冯果：《债券市场的主体培育：目标、进路与法制变革》，《政法论丛》2018年第3期，第96-107页。

［26］袁康：《我国债券市场风险治理的规范逻辑与制度构建》，《政法论丛》2018年第3期，第117-129页。

［27］洪玫：《完善信息披露制度，提升我国债券市场透明度》，《上海金融》2018年第7期，第47-53页。

［28］穆怀朋：《银行间债券市场的开放与创新》，《中国金融》2018年第16期，第21-24页。

［29］张晓旭：《当前信用债违约高发对我国债券市场改革发展的启示》，《浙江金融》2017年第1期，第45-50页。

［30］杨农、吴志红、邵滨鸿：《中国债券市场发展报告（2015~2016）》，社会科学文献出版社 2016 年版，第 15–22 页。

［31］李扬、钱龙海：《中国债券市场（2017）》，社会科学文献出版社2017 年版，第 36–41 页。

［32］李扬、王芳：《中国债券市场（2018）》，社会科学文献出版社 2018年版，第 41–47 页。

［33］中国经济体制改革研究会金融新常态课题组：《中国金融监管制度改革报告（2018）》，中国金融出版社 2018 年版，第 22–31 页。

［34］邢全伟：《中国期货市场发展的历史阶段和向成熟状态的嬗变》，《中国经济史研究》2018 年第 2 期，第 146–159 页。

［35］肖成：《试论建设与中国经济地位相匹配的衍生品市场（一）》，《期货日报》2019 年 5 月 6 日第 3 版。

［36］肖成：《试论建设与中国经济地位相匹配的衍生品市场（二）》，《期货日报》2019 年 5 月 13 日第 3 版。

［37］肖成：《试论建设与中国经济地位相匹配的衍生品市场（五）》，《期货日报》2019 年 6 月 3 日第 3 版。

［38］姜洋：《"一带一路"给中国大宗商品期货市场带来广阔空间》，《第一财经日报》2018 年 12 月 17 日第 A11 版。

［39］项歌德、汪洋、唐广华、林新杰：《金融科技创新在期货行业的应用探索》，《北京金融评论》2018 年第 3 期，第 51–60 页。

［40］韩维蜜：《证券期货业迈上金融科技新征程》，《金融电子化》2018年第 8 期，第 22–24 页。

［41］孙秋鹏：《我国期货市场监管体系演进历程：回顾与反思》，《青海金融》2016 年第 2 期，第 12–17 页。

［42］姜洋：《发现价格：期货和金融衍生品》，中信出版社 2018 年版，第 30–35 页。

［43］曲立峰：《"三板强减"制度的利弊分析》，《期货日报》2010 年 10月 14 日第 3 版。